ÉVELYNE PRADAL

TOUT SAVOIR SUR LES VOLCANS

FLEURUS Vulcania en AUVERGNE

L'HISTOIRE DE PITOUFEU

la mascotte de Vulcania

Un beau jour, dans la plaine volcanique auvergnate, la terre se mit à trembler ! Tous les auvergnats craignaient une éruption et la naissance d'un nouveau volcan. Et pourtant, à leur grande surprise, ce fut un petit être qui jaillit des entrailles de la Terre. De forme conique, rappelant étrangement un autre symbole auvergnat... ce personnage très expressif se mit à bondir, à jouer, à fumer, à crachoter, à explorer... et il construisit tout naturellement sa maison à... Vulcania !

SOMMAIRE

DES MONTAGNES QUI FUMENT

Un volcan est une montagne qui naît, grandit, puis meurt un jour... Tout comme nous, sauf que les volcans vivent des centaines d'années, voire des centaines de milliers d'années !

DES SOMMETS PERCÉS

Les volcans sont souvent des montagnes pointues dont le sommet est percé d'un trou plutôt rond appelé **cratère**. Il peut mesurer jusqu'à 1 km de diamètre. Lors d'une **éruption volcanique**, la **lave**, faite de roche fondue brûlante, sort par le cratère en remontant à travers le volcan par une **cheminée**, ou conduit. Cela produit un bruit terrible car des gaz sous pression sortent avec la lave. Ce mélange de lave et de gaz brûlants qui remonte des profondeurs de la Terre est le **magma**.

TOUS DIFFÉRENTS

Les volcanologues sont des scientifiques qui étudient les volcans. Ils les classent en deux grandes familles : les volcans rouges, « gentils », dont la lave déborde et coule tranquillement, et les volcans gris, « méchants », sous pression, qui explosent. On les appelle rouges et gris en raison de la couleur de la lave pendant l'éruption. On dit aussi que si un volcan a connu une ou plusieurs éruptions durant les 10 000 dernières années, il est actif. Sinon, il est éteint… c'est-à-dire mort.

CHAUD DEVANT !

La température de la lave pendant l'éruption est d'environ 1 000 °C, soit cinq fois plus chaud que le four quand on y fait cuire un gâteau !

Les triangles et les points représentent des volcans. Leur couleur sur la carte change en fonction de l'endroit où ils se situent : en rouge principalement sur le pourtour de l'océan Pacifique, en bleu sur les continents et en jaune au milieu des océans.

UN VOLCAN PEUT EN CACHER UN AUTRE

Il y a des volcans un peu partout ! On compte plus de 10 000 cracheurs de feu sur la Terre et au moins 55 000 sous les océans. Certains forment même des îles-volcans.

Sur terre…

Certains volcans supportent le froid, comme l'Erebus en Antarctique, tandis que d'autres se prélassent au chaud, comme le Nyiragongo en Afrique ou l'Agung à Bali. Presque tous les volcans gris, c'est-à-dire explosifs, se trouvent autour de l'océan Pacifique où ils forment une guirlande de volcans : la ceinture de feu du Pacifique (*voir p. 26*).

… et sous les mers

Les scientifiques ont aussi découvert que de longues chaînes de montagnes volcaniques courent au fond des océans, sur 70 000 km de long. Ce sont les dorsales océaniques. Ces volcans, tous effusifs, sont des volcans dits rouges, qui coulent. Ils font éruption sans que l'on s'en rende compte puisqu'ils sont cachés sous des milliers de mètres d'eau. Mais ils sont très actifs : ils produisent quinze fois plus de magma que tous les volcans terrestres.

LA TERRE A DE LA FIÈVRE

À partir de 30 km sous nos pieds, il fait si chaud que les roches fondent par endroits et se transforment en un mélange brûlant de liquide et de gaz : le magma. Celui-ci fait par la suite un long voyage vers la surface, qui se termine par une éruption volcanique.

UN GROS ŒUF

La Terre peut être comparée à un... œuf rond et énorme. Son rayon mesure 6 370 km, c'est-à-dire à peu près la distance à vol d'oiseau entre Paris et New York ! L'étude des séismes, c'est-à-dire les tremblements de terre, a permis de comprendre la composition de notre planète. On sait ainsi que la Terre compte trois parties, exactement comme un œuf mollet avec sa coquille solide, puis le blanc et le jaune, plus mous.

Certains cratères contiennent du magma brûlant.

POURQUOI FAIT-IL SI CHAUD ?

Lorsque la Terre s'est formée, il y a plus de 4 milliards d'années, les dinosaures n'existaient pas encore. C'était une boule de gaz et de poussières extrêmement chaude. Elle s'est solidifiée en refroidissant. Sa surface est maintenant dure, mais son centre reste très chaud. Depuis des centaines de millions d'années, la Terre évacue ce trop-plein de chaleur par l'intermédiaire des volcans, d'où jaillit le magma brûlant. Donc, quand la Terre aura complètement refroidi, les roches ne fondront plus en profondeur. Il n'y aura alors plus de magma et donc plus de volcans, mais ce n'est pas pour demain !

CHAUD DESSOUS !

Les mineurs, qui creusent le sol à la recherche de pierres précieuses ou de métaux, ont constaté que la température augmentait de 3 °C tous les 100 m. Pas étonnant que la lave soit si chaude !

La **croûte terrestre** est l'enveloppe très fine et froide sur laquelle nous marchons. Elle mesure jusqu'à 70 km d'épaisseur. Sous les océans, on l'appelle **croûte océanique**. Elle ne dépasse pas 10 km d'épaisseur.

Le **rayon terrestre** représente la distance allant de la surface jusqu'au centre de la Terre.

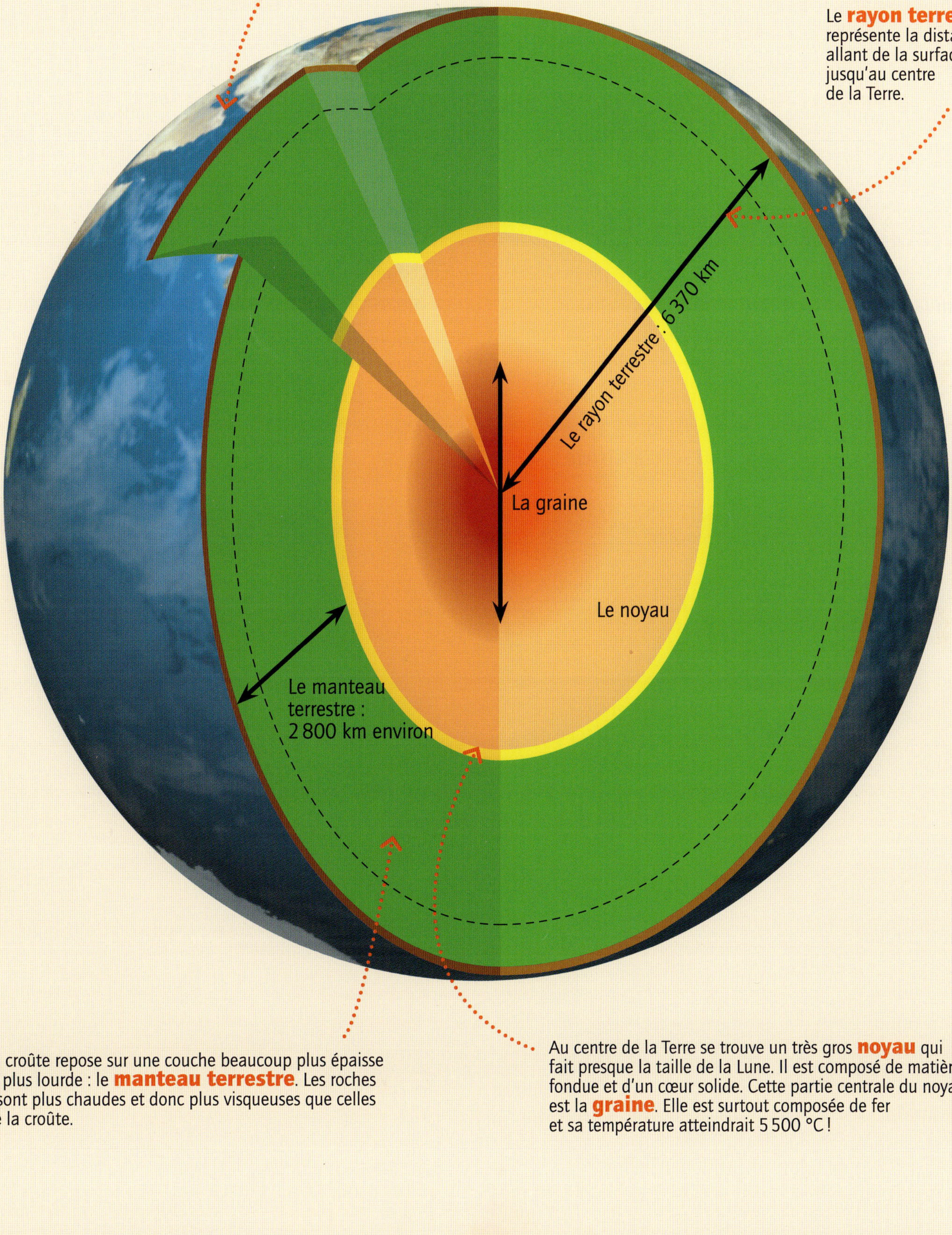

La croûte repose sur une couche beaucoup plus épaisse et plus lourde : le **manteau terrestre**. Les roches y sont plus chaudes et donc plus visqueuses que celles de la croûte.

Au centre de la Terre se trouve un très gros **noyau** qui fait presque la taille de la Lune. Il est composé de matière fondue et d'un cœur solide. Cette partie centrale du noyau est la **graine**. Elle est surtout composée de fer et sa température atteindrait 5 500 °C !

LA TERRE A LA BOUGEOTTE

Au temps des premiers dinosaures, il y a 200 millions d'années, il existait sur Terre un seul continent, gigantesque et entouré d'eau. Depuis, tout a bien changé... à cause des magmas !

LES PLAQUES TECTONIQUES

Ce continent unique s'est lentement brisé en plusieurs morceaux dérivant les uns par rapport aux autres pour occuper la position que nous connaissons. Ils bougent aujourd'hui encore de quelques millimètres ou centimètres par an, car les continents et les océans sont posés sur d'immenses radeaux de roche, appelés plaques tectoniques, d'environ 100 km d'épaisseur.

On compte une douzaine de plaques principales et plusieurs plus petites. Elles flottent sur de la matière plus lourde, plus chaude et déformable du manteau terrestre. Au bord des plaques, aux endroits où elles se rencontrent, se créent des volcans ou des montagnes. Mais tout commence au fond de l'océan.

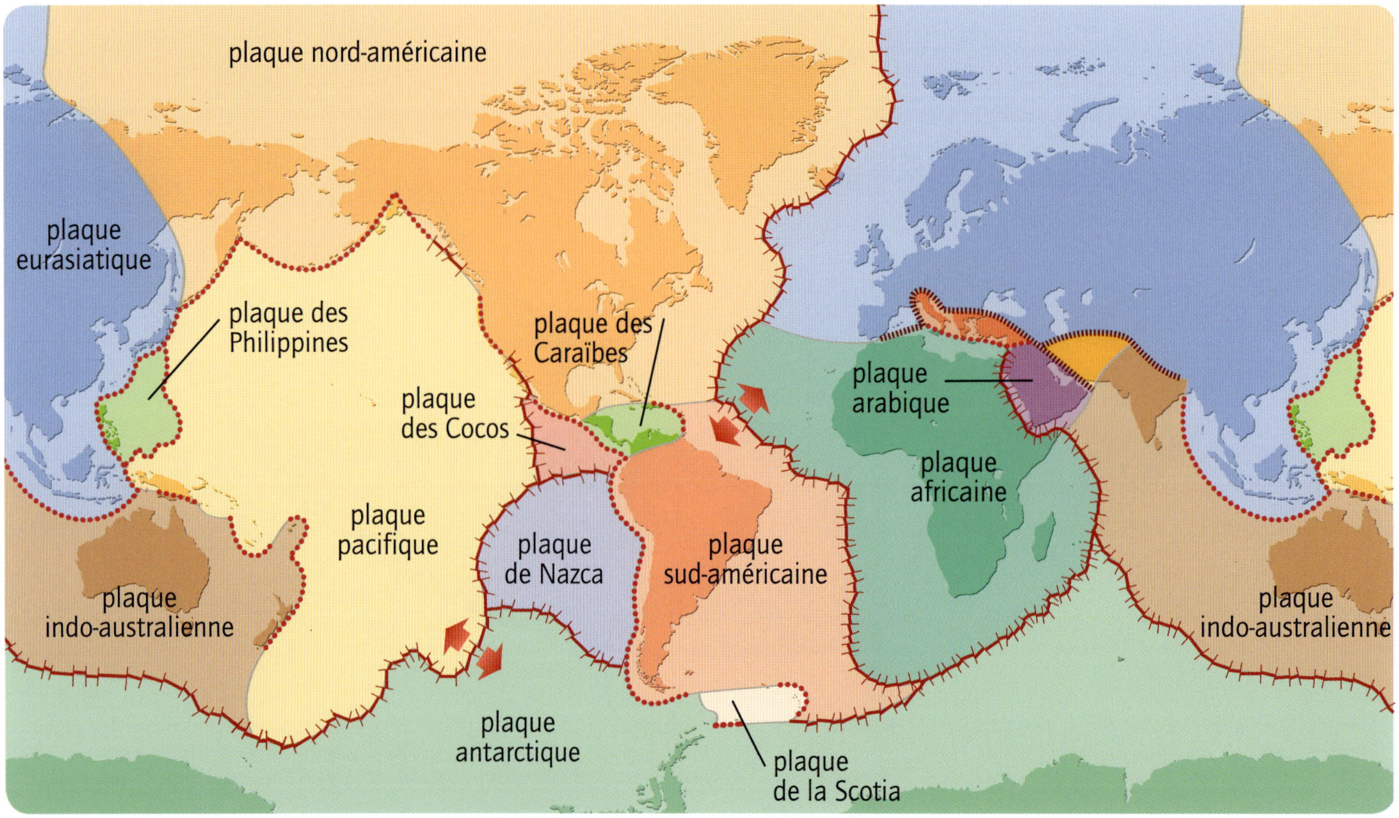

zones d'accrétion, où deux plaques tectoniques s'écartent
zones de subduction, où deux plaques se rencontrent
zones de collision, où deux plaques se chevauchent

LES ZONES D'ACCRÉTION

Au fond des océans, de la lave chaude sort en permanence le long de la dorsale océanique. On parle de volcanisme sous-marin. À ces endroits, le magma venant des profondeurs de la Terre pousse et écarte les plaques tectoniques et la lave ancienne, refroidie et solidifiée en roche. À l'autre extrémité de la plaque, quelques milliers de kilomètres plus loin, elle finit par se cogner avec une autre plaque... et le combat commence ! Le résultat ? Un volcan dans les zones de subduction ou une montagne dans les zones de collision.

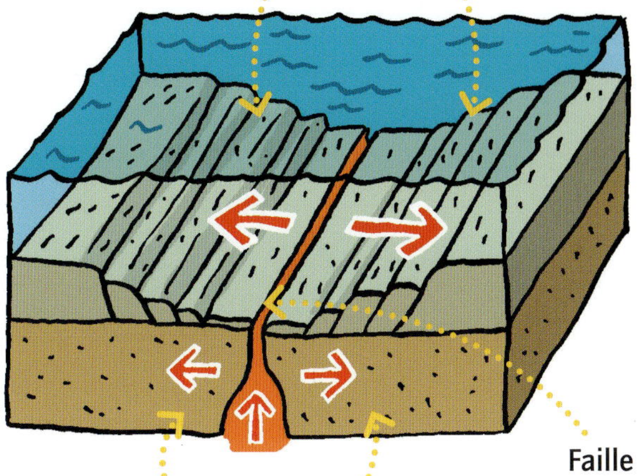

LES ZONES DE SUBDUCTION

La plaque la plus lourde (*à gauche sur le dessin*) s'enfonce sous l'autre, par à-coups, dans une fosse océanique. Cela provoque de violents séismes et, en profondeur, la plaque, qui plonge dans le manteau terrestre très chaud, fond. De nouveaux magmas se forment. Ils remontent ensuite à la surface, près de la fosse : un volcan naît ! C'est le cas le long de la ceinture de feu du Pacifique (*voir p. 26*).

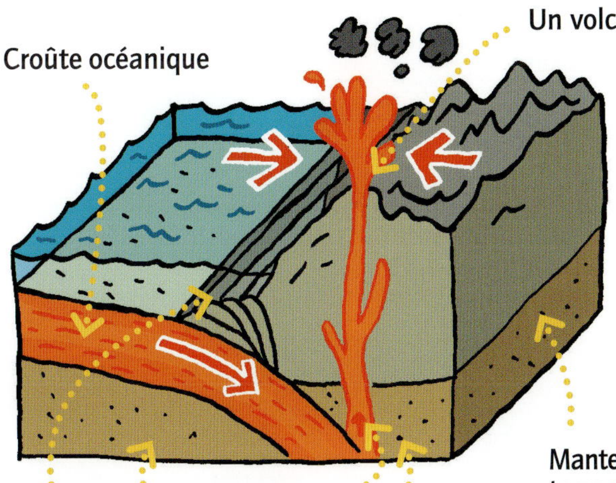

LES ZONES DE COLLISION

Quand aucune des deux plaques ne veut plonger sous l'autre, sous la poussée, elles commencent par se chevaucher. Ensuite, les roches cassent et se déforment : une montagne apparaît. C'est le cas des Alpes en France.

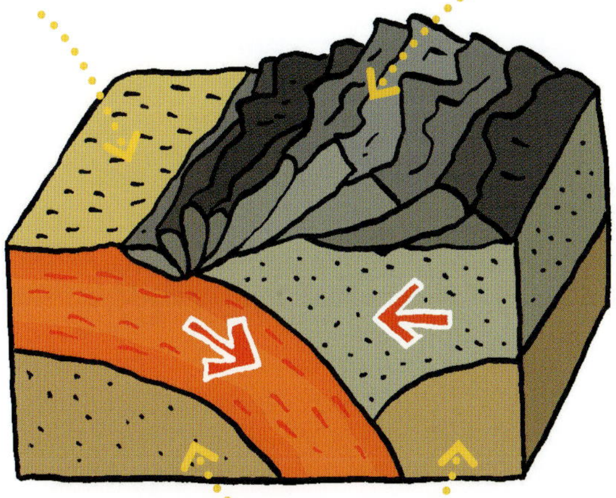

L'ÉRUPTION VOLCANIQUE

Après un long voyage dans les entrailles du volcan, le magma jaillit à la surface de la Terre. Le volcan entre alors en éruption.

À l'approche de la surface, les gaz sous pression du magma ouvrent des fissures dans le sol pour s'échapper : les fumerolles. Ces gaz projettent violemment et bruyamment des morceaux de lave un peu partout autour de la zone fissurée. Ils s'entassent et font « grandir » le volcan. Des coulées de lave accompagnent souvent ces projections.
L'éruption s'arrête d'elle-même quand il n'y a plus assez de gaz dans le magma pour qu'il arrive en surface.
Une éruption peut durer de quelques heures à plusieurs mois, voire plusieurs années, avec des temps de repos pendant lesquels le volcan reprend son souffle !

Les **coulées** et les **cendres anciennes** forment le cône volcanique, c'est-à-dire le volcan.

Les **gaz**, légers, entraînent le magma vers la surface de la Terre, comme les bulles qui montent quand on débouche une bouteille de soda.

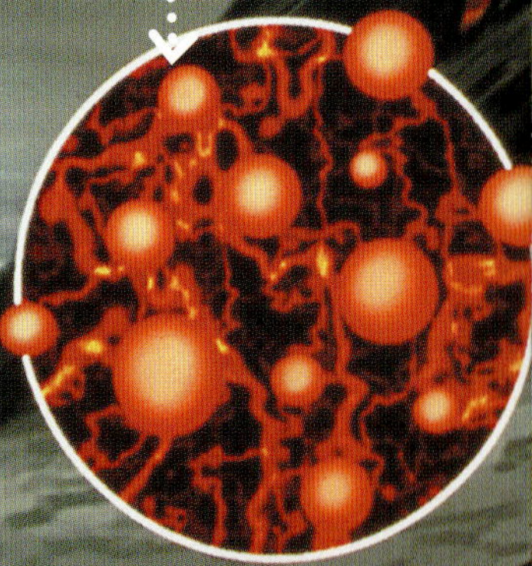

FAINÉANT !

Parfois, le magma ne contient pas assez de gaz, ou bien il devient trop lourd pour continuer son ascension. Il n'y a donc pas d'éruption. Il reste bloqué sous terre pendant des dizaines, voire des centaines d'années, dans le réservoir magmatique. Dans ce cas, le magma refroidit très lentement et complètement dans le sous-sol.

Le **réservoir de magma** se trouve à plusieurs kilomètres sous le volcan. La pression s'accumule, le magma « bouillonne » et tente de sortir ! Certains magmas sont plus chauds, d'autres plus visqueux, d'autres encore plus riches en gaz.

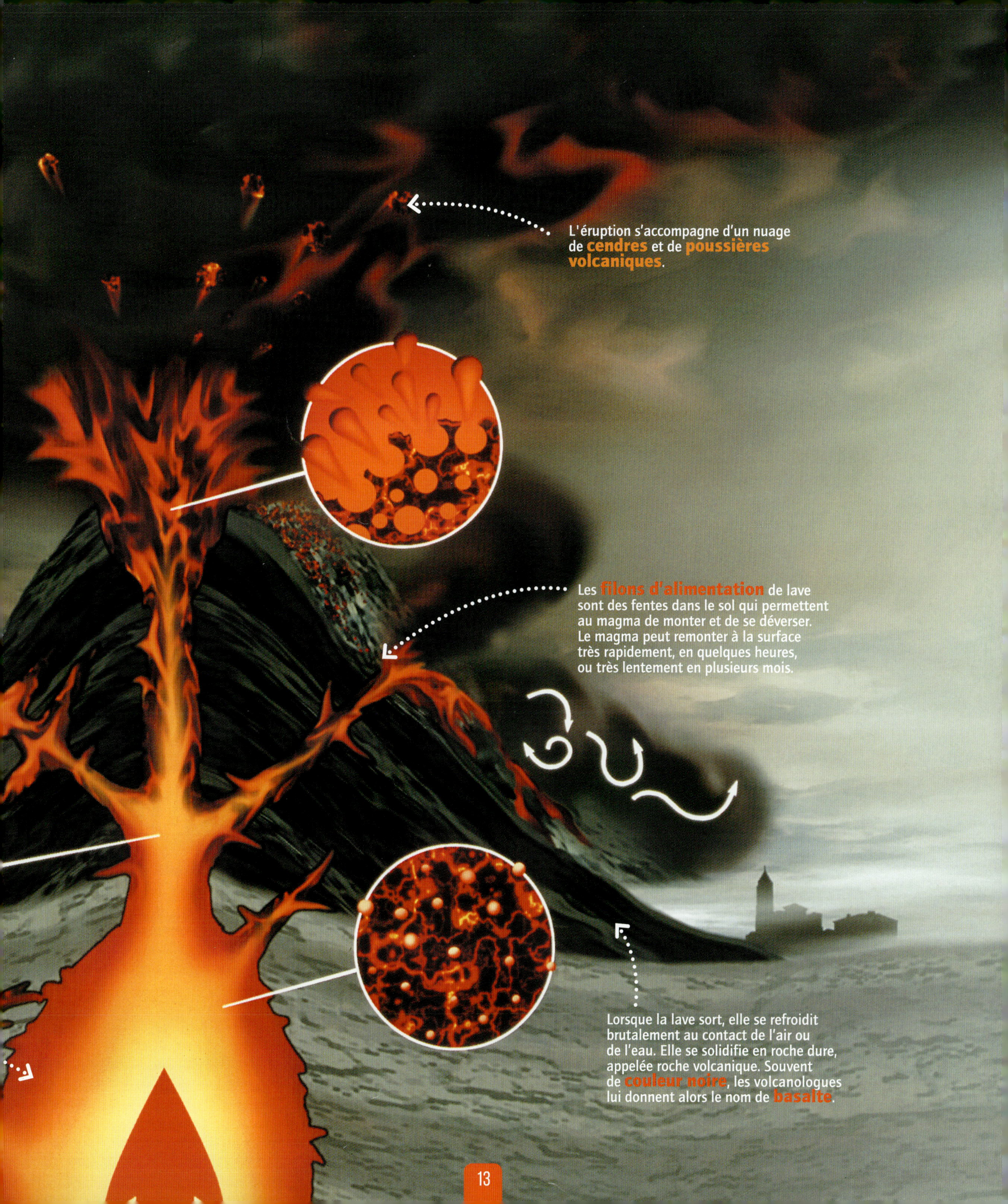

L'éruption s'accompagne d'un nuage de **cendres** et de **poussières volcaniques**.

Les **filons d'alimentation** de lave sont des fentes dans le sol qui permettent au magma de monter et de se déverser. Le magma peut remonter à la surface très rapidement, en quelques heures, ou très lentement en plusieurs mois.

Lorsque la lave sort, elle se refroidit brutalement au contact de l'air ou de l'eau. Elle se solidifie en roche dure, appelée roche volcanique. Souvent de **couleur noire**, les volcanologues lui donnent alors le nom de **basalte**.

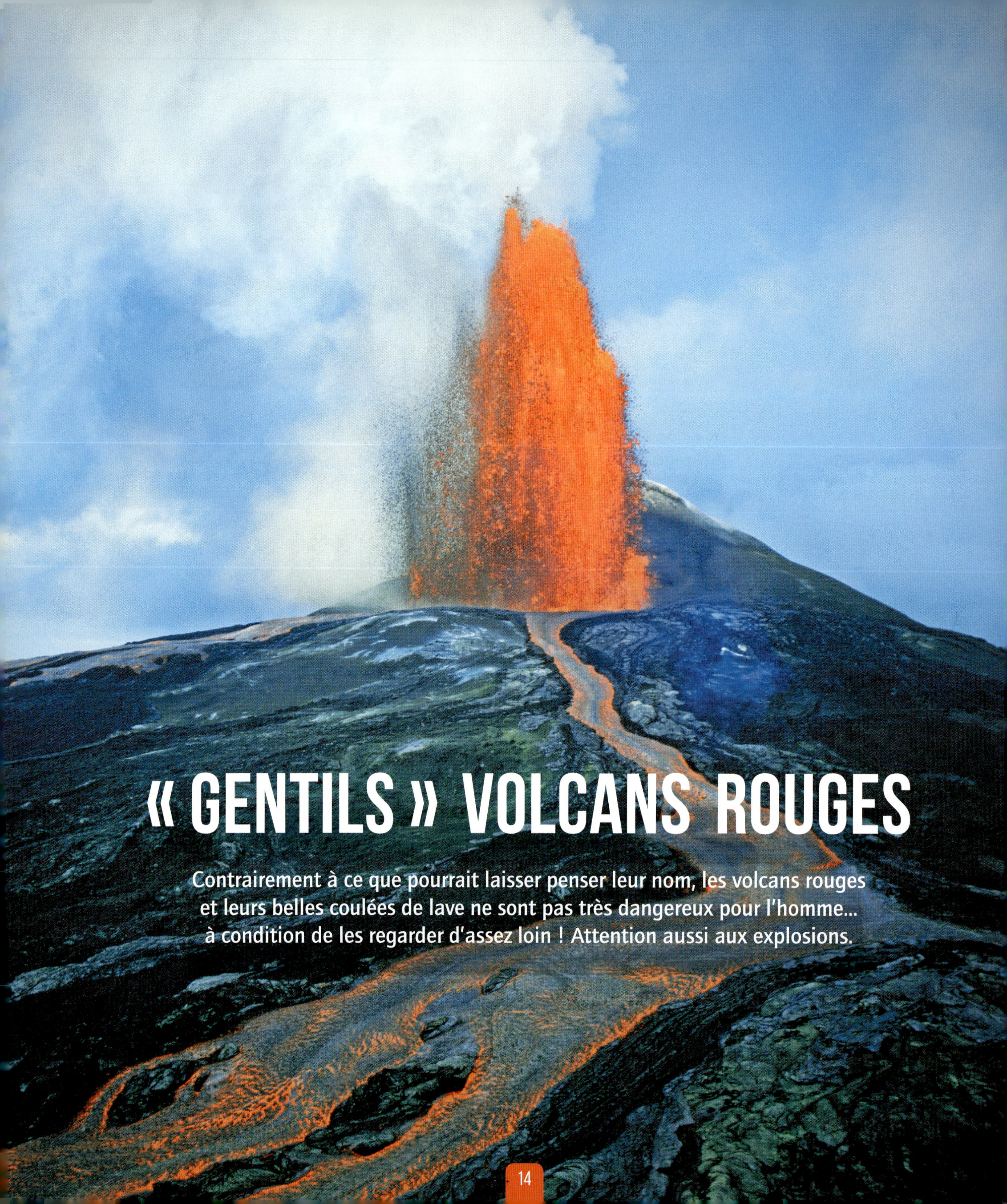

« GENTILS » VOLCANS ROUGES

Contrairement à ce que pourrait laisser penser leur nom, les volcans rouges et leurs belles coulées de lave ne sont pas très dangereux pour l'homme... à condition de les regarder d'assez loin ! Attention aussi aux explosions.

Les volcans rouges ont des **éruptions effusives**. Ces éruptions donnent surtout des coulées de lave fluides qui dévalent les pentes du volcan sur plusieurs kilomètres. La lave qui sort du volcan est de couleur rouge vif, voire jaune or, quand elle atteint 1 200 °C.

Peu à peu, **la lave refroidit** au contact de l'air et du sol, elle s'assombrit et finit par se solidifier. Si la coulée est très épaisse, le cœur met des dizaines d'années à être froid. Sa surface se transforme alors en un chaos de blocs rocheux, ou en une surface plus lisse où la roche ressemble à des cordes enroulées.

Des morceaux de lave sont projetés, incandescents, à des dizaines ou parfois des centaines de mètres de hauteur. Les plus gros blocs, les **bombes volcaniques**, peuvent avoir la taille d'une voiture. Ils retombent tout près du cratère.

Les tout petits fragments, de moins de 2 mm, sont les **cendres volcaniques** très légères que le vent peut entraîner à des kilomètres du volcan.

Les projections de moins de 6 cm sont des **lapilli**. Elles sont reconnaissables, car elles sont percées de petits trous laissés par le départ des gaz. Comme elles sont légères, elles retombent plus loin du cratère. Ces projections refroidissent en quelques secondes et ressemblent à une roche noire ou rouge sombre.

UN VOLCAN ROUGE HYPERACTIF

Parmi les volcans rouges effusifs, le Piton de la Fournaise, sur l'île de La Réunion, est considéré comme l'un des trois volcans les plus actifs au monde. Il connaît en moyenne une éruption tous les 14 mois !

UNE FORME DE BOUCLIER

Le Piton de la Fournaise est une véritable usine à magma ! Environ une fois par an, ce volcan aux pentes très douces, en forme de bouclier renversé, « **volcan bouclier** », émet des laves très fluides. Ces éruptions sont impressionnantes, mais généralement sans danger car il y a peu de maisons sur les pentes du volcan. Des points d'observation permettent aux habitants et aux touristes d'admirer le spectacle en sécurité.

UN JUMEAU À HAWAII !

De l'autre côté de la planète, dans l'océan Pacifique, sur l'île d'Hawaii, le volcan Kilauea, encore plus actif, a la même forme en bouclier et les mêmes laves très fluides. Les scientifiques appellent ces éruptions effusives des éruptions « hawaïennes ».

DES FONTAINES DE LAVE

Au début de l'éruption, le dégazage du magma provoque de belles fontaines de lave qui peuvent monter jusqu'à quelques centaines de mètres de hauteur. La lave retombe et forme des coulées qui parcourent de nombreux kilomètres, comme des rivières de feu. Souvent, la surface de la coulée se refroidit et s'arrête. À l'extérieur, on voit une sorte de carapace de roche dure mais, à l'intérieur, la lave brûlante continue de courir : c'est ce que les volcanologues appellent un **tunnel de lave**. Les coulées peuvent finir leur course dans la mer.

Une coulée de lave très fluide du volcan Erta Ale, en Éthiopie, a formé ce tunnel de lave.

« MÉCHANTS » VOLCANS GRIS

Quand un volcan est pentu avec une jolie forme de cône pointu, ou quand le cratère est masqué par un bouchon de magma, méfiance ! Il a toutes les chances d'être très dangereux.

DES MAGMAS VISQUEUX

Quand le magma qui monte est visqueux, c'est-à-dire pâteux, épais, il n'arrive pas à couler. Il s'accumule en haut du conduit et bouche souvent le cratère, en formant ce que les scientifiques appellent un dôme. Les bulles de gaz aussi ont du mal à s'échapper régulièrement comme dans les éruptions des volcans rouges, effusifs. Du coup, la pression des gaz augmente dans le magma, jusqu'à ce que le volcan explose brutalement. Exactement comme quand on débouche une bouteille de champagne !

UN NUAGE DE CENDRES

L'explosion libère un nuage gris noir de gaz, de cendres et de blocs de lave de toutes les tailles. Ce nuage brûlant, appelé **panache volcanique**, peut monter jusqu'à plusieurs kilomètres de haut lors de grandes éruptions. Il s'élève en grossissant tel un ballon que l'on gonfle, puis il s'étale comme un parasol ouvert. Les cendres qu'il contient, très légères, sont alors emportées par les vents, parfois à des milliers de kilomètres du volcan, avant de retomber sur le sol.

Après le passage d'une nuée ardente, les habitations sont recouvertes d'une épaisse couche de cendres.

DES NUÉES DESTRUCTRICES

La partie la plus lourde du panache contient de gros blocs de lave. Elle ne monte pas très haut et retombe rapidement. Ce mélange brûlant de blocs, de cendres et de gaz détruit tout sur son passage. C'est une **nuée ardente**, ou une **coulée pyroclastique**. Elle dévale les pentes du volcan plus vite qu'une Formule 1 sur plusieurs kilomètres. Aucune chance d'en réchapper pour celui qui est sur son passage ! Les nuées laissent un dépôt gris de cendres et de blocs qui refroidit, perd ses gaz puis durcit, comme une dalle de ciment. Ce type d'éruption est le plus dangereux de tous.

Le volcan Sinabung, sur l'île de Sumatra en Indonésie, est sorti de son sommeil depuis 2010 ; depuis, il émet régulièrement des nuées ardentes qui dévastent ses pentes.

UNE ÉRUPTION CÉLÈBRE

Les éruptions à grand panache volcanique, donc très violentes, sont appelées « éruptions pliniennes ». C'est une éruption de ce type qui a détruit la ville de Pompéi et tué ses habitants en l'an 79, lors d'une éruption du Vésuve, en Italie. Dégagés de leurs cendres, les vestiges peuvent maintenant être visités.

L'ÉRUPTION DE MONTSERRAT

Quelle surprise quand, le 18 juillet 1995, le volcan de Soufrière Hills, sur la petite île paradisiaque de Montserrat aux Antilles, s'est réveillé alors qu'on le croyait éteint. Les habitants de la capitale Plymouth, située à ses pieds, ont été évacués juste à temps !

PLYMOUTH DÉTRUITE

L'éruption a débuté par l'ouverture de fissures dans le sol émettant des jets de vapeur. En quelques mois, un dôme de lave visqueux a grandi dans l'ancien cratère et les premières nuées ardentes sont apparues. Elles sont descendues jusqu'à la mer en détruisant tout le sud de l'île, dont la petite capitale, Plymouth. Malgré l'évacuation, on a compté 24 victimes, surtout des agriculteurs qui cultivaient leurs champs au pied du volcan.

UN CALME TROMPEUR

L'activité se poursuit sous forme d'éboulements incandescents du dôme et de nuées ardentes. Heureusement, depuis février 2010, le volcan s'est calmé, mais pour combien de temps ? Il est surveillé de très près par les scientifiques, car le dôme continue à émettre des gaz sous forme de fumerolles. Et dès qu'il pleut, des coulées de boue mêlant cendres et eau de pluie dévalent ses pentes. Il est donc toujours actif et dangereux !

LES HABITANTS EN SÉCURITÉ

Aujourd'hui, 5 200 personnes seulement vivent sur l'île alors qu'il y avait 15 000 habitants en 1995. Une nouvelle ville a été construite, loin du volcan, pour reloger les gens qui vivaient trop près, car Plymouth et les villages au pied du monstre ne sont plus habitables.

IL Y A DE L'EAU DANS LE GAZ

L'eau froide et le magma brûlant ne s'aiment pas. Quand ils se rencontrent, c'est un vrai feu d'artifice ! Que le spectacle commence !

Lorsque le magma, fluide ou visqueux, montant vers la surface de la Terre, rencontre de l'eau (nappe souterraine, mer, glacier, etc.), une éruption très violente et très spectaculaire, appelée « éruption hydrovolcanique », se produit. Elle ouvre un cratère dans le sol en projetant vapeur d'eau, cendres et blocs de lave.

IMPRONONÇABLE !

Les volcanologues ont aussi donné le nom de « phréatomagmatique » aux éruptions qui se produisent quand l'eau et le magma se rencontrent.

Un cratère tout rond

L'eau, réchauffée par le magma, se transforme en vapeur blanche. Celle-ci, emprisonnée dans le sous-sol, ne peut pas s'échapper. Cela provoque donc une violente explosion qui ouvre à la surface un cratère en forme de cercle parfait que l'on appelle « **maar** », comme le cratère-lac Pavin en Auvergne, dans le centre de la France, le plus jeune volcan de France métropolitaine.

Un feu d'artifice en noir et blanc

Le magma est ensuite expulsé du cratère sous forme de gerbes noires immenses ayant l'aspect d'arbres allongés : les « cyprès ». Cela ressemble à un feu d'artifice en noir et blanc, mais qu'il vaut mieux regarder de très loin... Celui-ci a eu lieu le 18 mars 2009 aux îles Tonga, non loin de l'Australie.

Des bombes en forme de chou-fleur

Le magma, brutalement refroidi au contact de l'eau et pris dans l'explosion, se pulvérise en fragments de lave de toutes les tailles : des cendres fines et des blocs, dont certains de plusieurs tonnes, retombent autour du maar. On trouve des bombes en forme de... chou-fleur ! Cela est dû au magma chaud qui se ratatine au contact de l'eau froide.

Le volcan Surtsey

Tous les volcans sous-marins ont des éruptions phréatomagmatiques lorsqu'ils grandissent et deviennent des îles volcans. Le volcan Surtsey, au sud de l'Islande, est ainsi sorti de la mer en 1963. Quatre mois après le début de l'éruption, l'île volcan mesurait déjà 150 m de hauteur et plus de 1 km de longueur !

Naissance annoncée

La prochaine éruption de ce type pourrait avoir lieu aux îles Canaries, dans l'océan Atlantique. Depuis octobre 2011, un volcan sous-marin poursuit sa croissance. Il ne serait plus qu'à 70 m sous la surface de la mer... À suivre !

PLEINS PHARES SUR LES ABYSSES

Qui l'eût cru ? Au fond des océans, sous des milliers de mètres d'eau, se trouvent d'étranges cheminées fumantes. Elles crachent des volutes noires le long de la dorsale océanique et sont entourées de plein d'animaux !

Grâce aux sous-marins, il est possible de faire des prélèvements à l'intérieur des fumeurs noirs.

DE DRÔLES DE CHEMINÉES

Sur le plancher de l'océan, au niveau de la dorsale, il y a beaucoup de fissures : des **failles**. L'eau de mer pénètre dans la croûte océanique par ces failles et s'enfonce jusqu'à quelques kilomètres de profondeur. Elle se réchauffe et se charge en gaz en se rapprochant des réservoirs de magma existants. L'eau remonte ensuite très vite vers le fond de la mer par d'autres failles, d'où elle jaillit sous forme de jets de vapeur brûlante (jusqu'à 350 °C) et noire, car elle s'est chargée de métaux au contact du magma. Lorsque les métaux rencontrent l'eau glacée du fond de l'océan, ils se déposent et s'accumulent, construisant d'étranges cheminées appelées **fumeurs noirs**. Ils peuvent mesurer jusqu'à 20 m (la hauteur d'un immeuble de 8 étages) !

Malgré le poids de l'eau, le jaillissement de vapeur forme de grandes colonnes de fumée noire.

DES COUSSINS DE LAVE

On compte plus de 55 000 volcans sous-marins, principalement sur la dorsale océanique. Leurs éruptions sont silencieuses, car le poids de l'eau empêche les gaz de s'échapper. Le magma sort par des fissures sous forme de petites boules qui refroidissent dans l'eau. Une fois empilées, on dirait des coussins.

DES CRÉATURES BIZARRES

En 1977, le petit sous-marin américain *Alvin* a fait une découverte incroyable en explorant la dorsale océanique à la lumière de ses phares... Jusqu'alors, on pensait qu'au fond de l'océan, la vie était impossible en raison de l'absence d'oxygène, du froid (l'eau est à 4 °C), et de l'obscurité. Quelle surprise ! Tout autour des fumeurs noirs et de leurs vapeurs chaudes et toxiques vivent d'étranges bêtes, toutes plus bizarres les unes que les autres ! Il y a des sortes de moules géantes de 30 cm, des poissons monstrueux au corps gélatineux, des crabes aveugles et blancs, ou encore d'incroyables vers très longs en forme de bouquets de spaghetti, de la taille d'un homme. Aujourd'hui, les scientifiques, dont ceux de l'Institut français de recherche pour l'exploitation de la mer, IFREMER, les récoltent et les étudient grâce à leurs engins sous-marins, le *Nautile* habité et le *Victor 6000*, un robot sous-marin télécommandé.

Les scientifiques embarquent à bord du *Nautile* pour explorer le fond de l'océan.

LES PREMIERS HABITANTS DE LA TERRE

Des animaux et des bactéries (êtres vivants microscopiques) peuvent se développer grâce aux gaz acides et chauds des volcans sous-marins. C'est sûrement ainsi que la vie est née sur Terre, il y a presque 4 milliards d'années, quand les volcans étaient tous sous-marins.

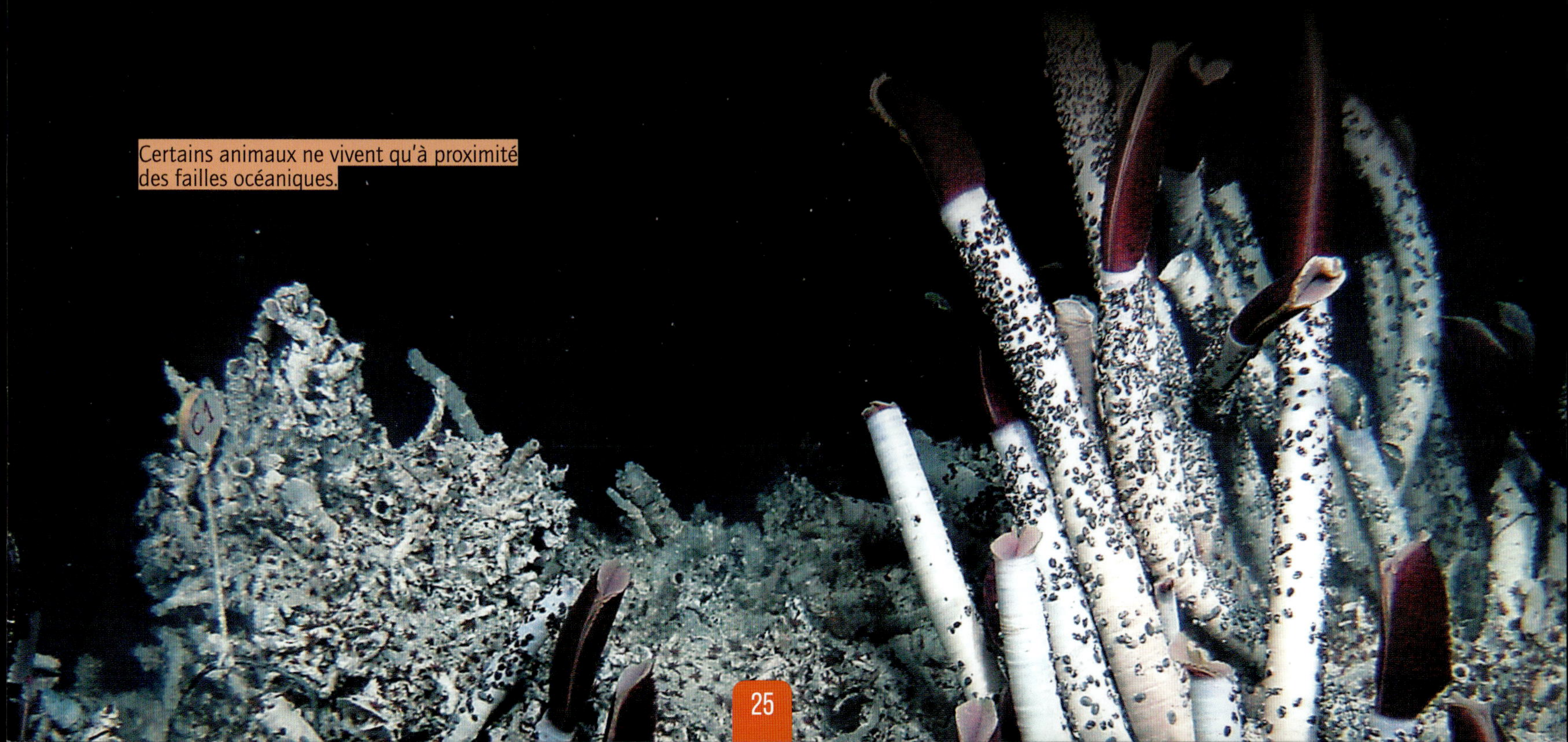

Certains animaux ne vivent qu'à proximité des failles océaniques.

LES VOLCANS DE LA CEINTURE DE FEU

Plus de la moitié des éruptions volcaniques et presque tous les volcans explosifs se trouvent sur cette ceinture étroite, de 40 000 km de long, qui borde l'océan Pacifique.

Les Mexicains peuvent être fiers de leurs volcans. Certains sont parmi les plus hauts du monde ! Les Aztèques ont donné le nom de Popocatepetl (qui veut dire « montagne fumante ») à celui qui domine la ville de Mexico. Ce volcan explosif fume continuellement. Il culmine à 5 426 m de hauteur et crache des cendres sur la ville les rares fois où il se fâche très fort.

Dans l'Ouest américain, il y a des volcans actifs, notamment le mont Saint Helens, situé dans la chaîne des Cascades. Son explosion, en 1980, lui a enlevé son chapeau ! Il a perdu 430 m de hauteur en quelques secondes et le panache volcanique s'est élevé à 40 km dans le ciel. L'éruption a causé des dégâts énormes : des milliers d'animaux, dont de nombreux cerfs et ours bruns, ont été pris dans les nuées. Des millions d'arbres majestueux ont été renversés comme des dominos sous le souffle des gaz.

Au Kamtchatka, une région froide de Russie, on compte 30 volcans actifs et dangereux ! Heureusement, ils ne font pas parler d'eux car la région est désertique.

Au Japon, le volcan Fuji gagnerait certainement un concours de beauté parmi les 120 volcans du pays avec sa forme parfaite en cône pointu. Les Japonais le représentent d'ailleurs depuis toujours dans leurs dessins et peintures.

L'Indonésie, avec ses 140 volcans très actifs, pourrait être le paradis des volcanologues ! Sauf que ces volcans sont tous gris, donc méchants et capricieux, comme le volcan Agung, à Bali, qui est entré en éruption à l'automne 2017. À cause du nuage de cendres, les avions ne pouvaient plus voler à Bali et 75 000 personnes ont été évacuées pendant des semaines de leurs maisons autour du volcan. Un autre, le volcan Idjen, est connu, car son cratère est rempli par un magnifique lac vert… d'acide pur. Attention, baignade interdite !

Les îles des Philippines sont petites, mais leurs volcans, eux, sont plutôt impressionnants ! De ses 50 volcans actifs, le plus connu est le Pinatubo, qui a connu une éruption très violente en 1991.

GARE AUX GAZ

Les volcans émettent d'énormes quantités de gaz avant, pendant et longtemps après les éruptions ! Chaque année, l'ensemble des volcans en activité rejette 20 millions de tonnes de gaz soufré dans l'atmosphère. Quels pollueurs !

DES GAZ TOXIQUES

Les gaz sortent principalement du cratère, à travers le dôme s'il y en a un, mais aussi sous forme de fumerolles qui se trouvent sur les pentes du volcan. Le gaz volcanique le plus abondant est la vapeur d'eau : il est inoffensif et donne les jolies fumées blanches qui sortent du cratère. D'autres gaz mélangés à la vapeur d'eau sont, quant à eux, très toxiques, comme l'hydrogène sulfuré qui sent l'œuf pourri, le dioxyde de soufre qui donne une couleur bleutée au nuage de gaz, ou encore les gaz acides qui piquent les yeux et la gorge. Les plus dangereux sont très discrets, car ils n'ont pas d'odeur, comme le dioxyde de carbone (gaz carbonique), le même que celui présent dans les gaz d'échappement des voitures.

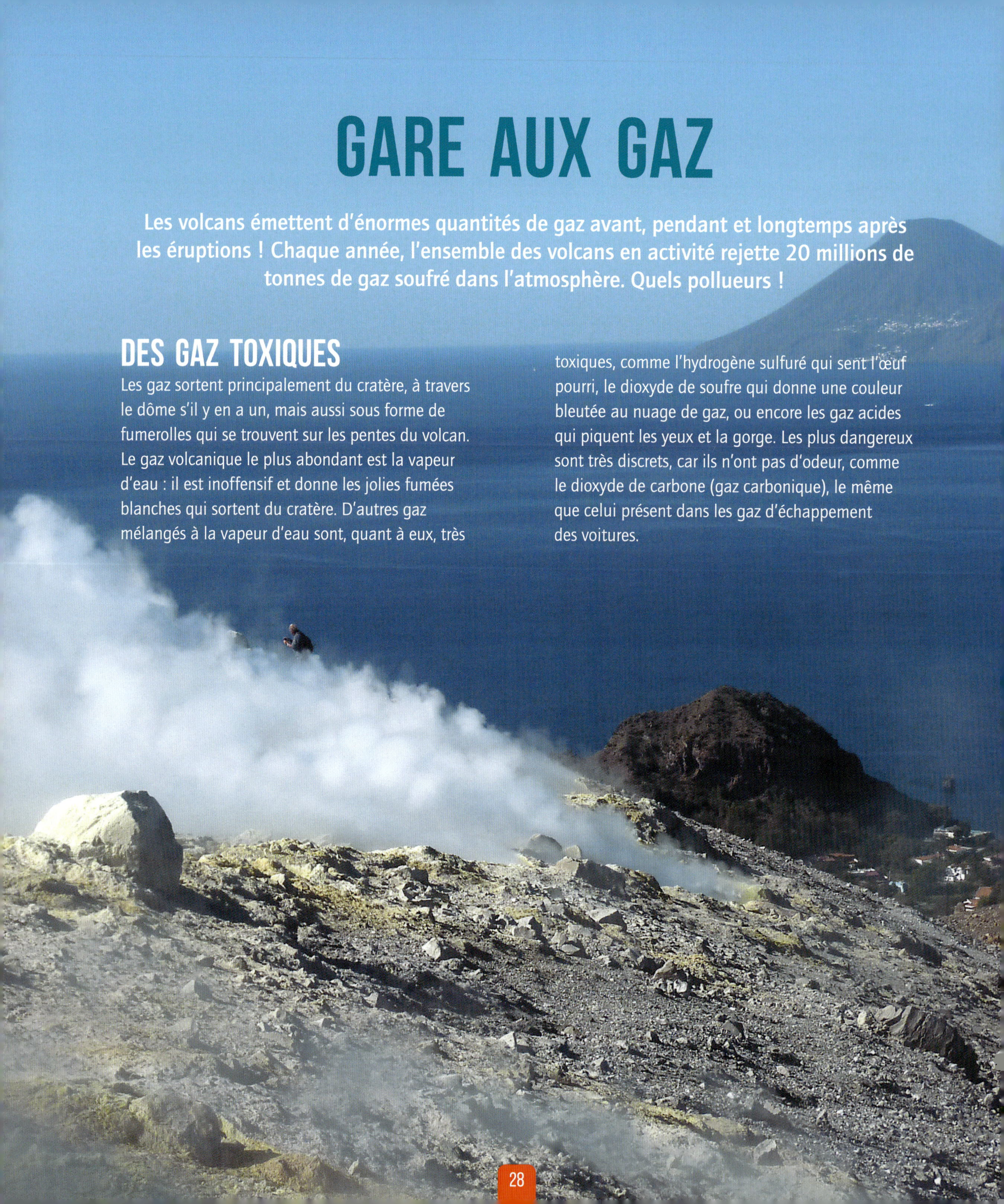

LES VAPEURS MORTELLES DU LAC NYOS

Le 21 août 1986, une énorme bulle de dioxyde de carbone s'est échappée du volcan Nyos, au Cameroun. Elle s'était lentement accumulée au fond du lac installé dans le cratère. Ce gaz, plus lourd que l'air, a dévalé les pentes du volcan sur 30 km, comme une nappe de brouillard, asphyxiant les habitants et le bétail et faisant 1 746 victimes humaines. C'est une éruption gazeuse. Depuis cette catastrophe, des savants ont inventé un système de tuyaux en forme de flûte de pan « plantés » dans le lac. Il permet au dioxyde de carbone de remonter en permanence vers la surface et évite ainsi la concentration dans le lac. Il ne devrait donc plus y avoir d'éruption gazeuse mortelle.

Un tuyau fixé au fond du lac de cratère du volcan Nyos permet au dioxyde de carbone accumulé dans les eaux profondes de s'échapper au fur et à mesure.

Autour du volcan Pavin, on peut voir de petites bulles de dioxyde de carbone remonter à la surface de l'eau.

DES LACS DE CRATÈRE SOUS HAUTE SURVEILLANCE

Il existe d'autres lacs de cratère en Indonésie, en Italie, et même en France ! En Auvergne, une région très volcanique, le lac Pavin occupe le grand cratère du plus jeune volcan français. Il fait 92 m de profondeur et 800 m de diamètre ! Sa dernière éruption a eu lieu il y a seulement... 6 700 ans. Il ne dort donc peut-être que d'un œil. D'ailleurs, de petites bulles de dioxyde de carbone s'échappent toujours du sol autour du volcan. Les scientifiques font régulièrement des prélèvements au fond du lac pour vérifier que le dioxyde de carbone ne s'accumule pas, au risque de s'échapper brutalement et d'asphyxier des populations voisines.

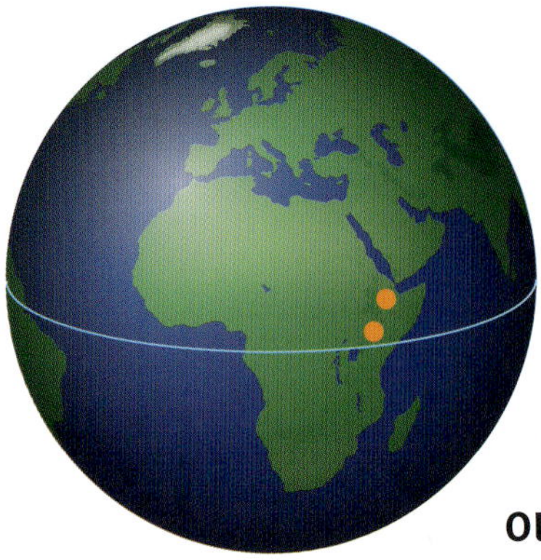

DES VOLCANS RARES ET BIZARRES

Un volcan qui crache de la lave noire et brillante ou un cratère rempli d'un lac de lave en fusion, cela existe ! En Afrique de l'Est, deux volcans méritent le détour.

L'Ol Doinyo Lengaï, volcan sacré...

Dans la vallée du Rift en Afrique de l'Est, un étrange et beau volcan domine la savane de Tanzanie du haut de ses 2 890 m. C'est la montagne sacrée du peuple des Massaïs. D'après leurs croyances, c'est ici que vit leur dieu, Engaï. En langue massaï, Ol Doinyo Lengaï signifie d'ailleurs « la montagne du Dieu Engaï ».

... aux laves étranges

Très actif, l'Ol Doinyo Lengaï est une curiosité scientifique pour les volcanologues. C'est le seul volcan actif à émettre des coulées de lave noires, brillantes, très fluides comme du goudron et deux fois moins chaudes que les autres. Ces laves appelées carbonatites font quand même 550 °C ! Et ce n'est pas fini, car en refroidissant, elles deviennent... blanches et fragiles ! Elles craquent et cassent lorsque l'on marche dessus, on dirait de la meringue !

LES FLAMANTS ROSES

Le carbonate de sodium des laves du Lengaï est lessivé, puis déposé par les eaux de pluie dans un lac voisin, appelé lac Natron (autre nom du carbonate de sodium). Cela permet à des algues rouges d'y vivre et d'attirer des millions de flamants roses nains, qui se régalent de ces algues. C'est au bord de ce lac qu'a été filmé le documentaire Les Ailes pourpres.

Le lac de lave de l'Erta Ale...

Le volcan Erta Ale se trouve au nord de l'Éthiopie, dans la région désertique de l'Afar en Afrique de l'Est. Le sommet de ce volcan bouclier est percé de deux cratères en forme de puits, d'environ 200 m de large et d'une centaine de mètres de profondeur au maximum. L'un d'eux est occupé par un lac de lave qui bouillonne en permanence à une température qui peut atteindre 1 200 °C !

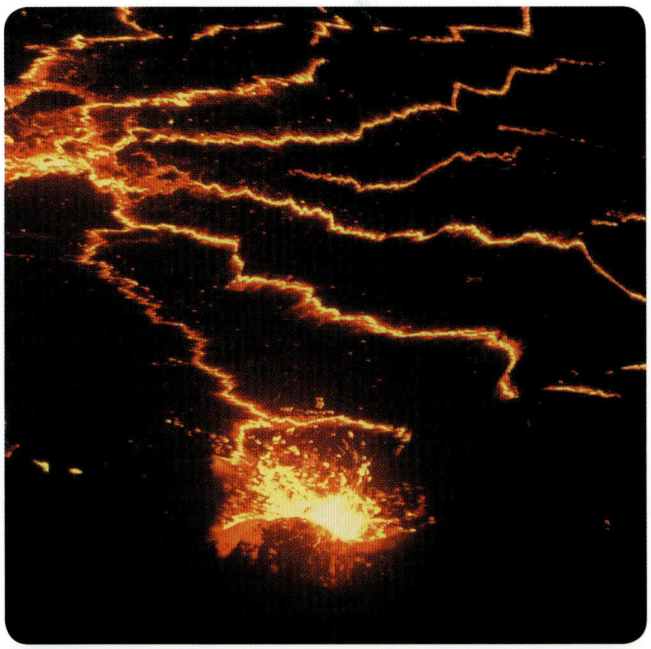

... déborde parfois !

La nuit, le lac illumine le ciel : on peut repérer le volcan à plusieurs kilomètres ! Régulièrement, de grosses bulles de gaz éclatent à la surface du lac, projetant des paquets de lave brûlante à plusieurs mètres de hauteur. Il arrive aussi au lac de déborder du cratère comme en janvier 2017, donnant des coulées de basalte très fluides et très rapides. Parfois, le niveau du lac baisse, comme s'il se reposait, et la lave se refroidit pendant des semaines ou des mois. Sa surface se couvre alors d'une pellicule de lave noire durcie sur laquelle on peut marcher... mais c'est aussi risqué que de patiner sur un lac gelé !

VOLCANS GÉANTS

Sur Terre et sur d'autres planètes, il existe des supervolcans. Leurs cratères mesurent plusieurs kilomètres ou dizaines de kilomètres de diamètre.

LE SUPERVOLCAN DU YELLOWSTONE

Le parc national de Yellowstone, aux États-Unis, est connu pour ses beaux paysages, ses fumerolles et ses geysers. Ces jets d'eau et de vapeur jaillissent de manière régulière du sol et sont très appréciés des touristes. Le parc se situe en réalité à l'intérieur d'un supervolcan explosif. Lorsqu'il s'est formé, il y a eu tellement de magma rejeté que le réservoir magmatique s'est vidé brutalement et le volcan s'est effondré sur lui-même. En surface, il y a maintenant un gigantesque cratère, à fond presque plat, de plus de 40 km de diamètre, appelé « caldera ».

La roche à proximité du volcan de Yellowstone est jaune ou blanche à cause du soufre déposé par l'eau du geyser.

Les fumerolles et les geysers dans la caldera, ainsi que des petits séismes et des gonflements du sol, montrent qu'il y a à nouveau du magma dans le réservoir sous le volcan. Un réveil pourrait être proche. Les volcanologues l'ont donc placé sous haute surveillance, car la taille de son cratère et la quantité de magma émis le classent parmi les plus violents de la planète. Les États-Unis pourraient bien se retrouver sous les cendres s'il se réveillait !

VOLCANS GÉANTS DES AUTRES PLANÈTES

Mars, Jupiter, Vénus... Toutes ces planètes ont aussi leurs volcans ! Les missions spatiales, menées depuis une cinquantaine d'années, ont permis de photographier des volcans géants extraterrestres. Certains sont éteints, mais d'autres sont particulièrement actifs et peuvent cracher des jets de gaz de 300 km de haut ! C'est sur Vénus qu'il y en aurait le plus.

Le mont Sapas est un des 1 600 volcans de Vénus. Il fait 400 km de large et 1,5 km de haut.

LE MONT OLYMPUS, UN MARTIEN GÉANT !

Un volcan de presque 25 km de haut et de 600 km de diamètre ? Oui, ça existe... sur la planète Mars ! Trois fois plus haut que le plus haut volcan de la Terre (*voir p. 35*), ce volcan bouclier est le plus grand observé jusqu'à ce jour dans notre système solaire. Pour le moment, il n'est pas actif...

Le mont Olympus sur Mars fait près de 25 km de haut. Son cratère et ses coulées occupent une surface aussi grande que la France !

VOLCANS CHAMPIONS

Les volcans aiment particulièrement battre des records… Qu'ils soient actifs ou en sommeil, ils sont impressionnants. En voici quelques-uns des plus originaux !

Le moins frileux

Tout près du pôle Sud, le volcan Erebus domine le continent Antarctique du haut de ses 3 794 m. Il a été découvert en 1841, mais n'a été exploré qu'en 1908. On sait que ce volcan effusif est actif et que dans son cratère se trouve un grand lac de lave en fusion.

Le plus inattendu

En 1943, un paysan mexicain qui cultivait son champ de maïs a eu une grosse frayeur lorsqu'il a vu la terre s'ouvrir devant lui. Après des jets de vapeur qui sentaient l'œuf pourri, la lave a jailli ! L'éruption du volcan Parícutin a duré… 9 ans. Au fil des années, la lave qui durcissait a formé un cône volcanique de 424 m, plus haut que la tour Eiffel ! Au passage, les coulées ont enseveli un village dont on ne voit aujourd'hui plus que le clocher de l'église.

Le plus violent du XXe siècle

C'est aux Philippines, en Asie, qu'a eu lieu l'éruption la plus violente du XXe siècle.

Au printemps 1991, le Pinatubo s'est réveillé après 600 ans de sommeil. 300 000 personnes ont été évacuées, juste avant que des nuées ardentes dévalent les pentes du volcan et qu'un panache s'élève à 35 km dans le ciel. Des pluies torrentielles, mélangées aux cendres, ont créé des coulées de boue qui ont tout détruit. En 48 heures, le Pinatubo a émis autant de dioxyde de soufre que tous les volcans de la planète pendant une année ! Les cendres ont fait plusieurs fois le tour de la Terre.

Le plus dangereux d'Europe

Le Vésuve, en Italie, domine la baie de Naples. Il est actuellement dans l'une des plus longues périodes de repos de son histoire. Mais ce calme est sûrement trompeur : depuis la destruction de Pompéi en l'an 79, il a provoqué 80 éruptions, dont 5 très explosives... Aujourd'hui, beaucoup de gens vivent à ses pieds. Ce sera un casse-tête d'organiser leur évacuation au moment où le volcan se réveillera !

Le plus haut du monde

Ils sont deux à se disputer le titre ! Le volcan Nevado Ojos de Salado, au Chili, en Amérique du Sud, culmine à 6 887 m : il est le plus haut volcan terrestre. Mais c'est sans compter sur le volcan géant Mauna Loa à Hawaii, dans l'océan Pacifique, qui mesure au total plus de 9 000 m : 4 170 m au-dessus de l'océan et 5 000 m en dessous... Il est donc plus haut que la montagne de l'Everest qui atteint 8 848 m !

L'HOMME FACE AU VOLCAN

De temps en temps, les volcans font parler d'eux. Quand ils perturbent les activités des hommes ou le climat, par exemple. Mais leurs cendres fertiles permettent aussi d'enrichir les sols, ce qui nourrit des millions de personnes dans le monde.

PANIQUE DANS LE CIEL

En mars 2010, un volcan s'est réveillé en Islande, une île de l'Atlantique Nord... Eyjafjöll peut se vanter d'avoir semé la panique sur la planète ! Après quelques jours d'activité, son humeur change : le glacier recouvrant le volcan fond et l'eau se mélange au magma qui devient très explosif. D'énormes quantités de cendres sont expulsées et les vents les portent au-dessus de l'Europe et de l'Amérique du Nord. Pendant plusieurs jours et dans le monde entier, les avions restent cloués au sol en attendant que le volcan islandais retrouve un peu son calme.

1816, L'ANNÉE SANS ÉTÉ !

En 1815, le volcan Tambora, en Indonésie, a explosé. On pense que le panache de cendres, le plus grand de l'histoire, a atteint 50 km de haut. Sur 500 km autour du volcan, il a fait nuit en plein jour.
Les cendres et les gaz rejetés dans l'atmosphère ont fait plusieurs fois le tour de la Terre et ont fortement perturbé le climat, car elles ont empêché les rayons du soleil de passer complètement. Aux États-Unis et en Europe, l'été suivant a été froid et pluvieux, avec des gelées au mois d'août 1816 qui entraînèrent des récoltes désastreuses et des famines.

Les rivières de boue recouvrent les sols et étouffent la végétation.

CENDRES : ATTENTION DANGER !

En 1982, le volcan Galunggung en Indonésie entre en éruption. Au-dessus, un avion ne parvient pas à éviter le nuage de cendres... Elles entrent dans les moteurs qui s'arrêtent, puis redémarrent et les pilotes le font atterrir. Ouf, quelle frayeur pour les passagers !

Les lahars descendant du volcan détruisent tout : ici, une maison de la vallée de la Belham près du volcan de Soufrière Hills, à Montserrat.

LES COULÉES DE BOUES

On les appelle aussi « lahars ». Quand il pleut sur un volcan recouvert de cendres, l'eau et les cendres se mélangent et forment des coulées de boue ; elles parcourent souvent plusieurs kilomètres.
Elles ne sont pas forcément chaudes, mais elles vont vite et emportent tout sur leur passage, comme lors d'une inondation. Elles font donc beaucoup de dégâts. Au Japon et en Indonésie, on construit d'ailleurs des barrages sur les pentes de certains volcans pour arrêter les lahars.

LA CHALEUR DES VOLCANS

Depuis toujours, les volcans sont très utiles aux hommes ! On boit leur eau pour se soigner, on plonge dans leur boue pour se détendre et on profite de l'eau chaude qu'ils produisent pour chauffer les maisons et faire de l'électricité. Et en plus, on admire les geysers !

DES SOURCES CHAUDES ET DES GEYSERS

Les régions volcaniques sont souvent riches en sources chaudes et, parfois, en geysers. Un geyser est un jet d'eau et de vapeurs chaudes qui jaillit régulièrement du sol ! Il est dû aux eaux de pluie qui pénètrent dans le sous-sol, se réchauffent au contact du magma et, chargées de gaz, remontent rapidement à la surface. Certains geysers sont très connus comme le « Vieux fidèle » à Yellowstone, à l'ouest des États-Unis.

Toutes les 90 min, Vieux fidèle envoie un jet d'eau chaude à 30 m de hauteur. Une vraie baleine !

L'eau et la vapeur brûlantes présentes dans le sous-sol volcanique sont récupérées dans des tuyaux pour produire de l'électricité.

LES VOLCANS, SOURCES D'ÉNERGIE !

L'homme a toujours utilisé la chaleur naturelle pour se chauffer. Ainsi, grâce à la géothermie, la chaleur de la terre, à Chaudes-Aigues, un village du centre de la France, les habitants ont l'eau chaude gratuite, car elle sort du sol à 82 °C !

En Guadeloupe, une île volcanique des Antilles, se trouve le volcan actif de la Soufrière. Une usine géothermique située dans la ville de Bouillante produit 10 % de l'électricité de l'île grâce à plusieurs forages, de profonds trous dans le sol. Les pays volcaniques utilisent de plus en plus cette source d'énergie, naturelle et renouvelable.

LES VOLCANS QUI SOIGNENT

L'eau des sources chaudes volcaniques, minéralisée, est bonne pour le corps. Dans l'Antiquité déjà, le célèbre médecin Hippocrate la faisait boire aux malades et leur prescrivait des bains. On appelle cela le thermalisme. Ces eaux aident à soigner l'asthme, la sinusite, l'eczéma et les maladies des articulations, notamment grâce à l'action des deux minéraux qu'elles contiennent naturellement : le soufre et l'arsenic. En France, dans les volcans d'Auvergne, 3 villes sont très connues pour leur station thermale où les malades, petits et grands, viennent faire des cures : La Bourboule, le Mont-Dore et Saint-Nectaire.

DES BAINS DE BOUE QUI PUENT !

On peut aussi prendre des bains de boue volcanique chaude pour se relaxer et avoir la peau douce. C'est ce qu'on fait au pied du volcan de Vulcano, en Italie. C'est très agréable, mais attention, gare à l'odeur ! Après avoir joué aux hippopotames, la peau sent le soufre, comme les boules puantes, pendant plusieurs jours !

MERCI LES VOLCANS !

En Islande, une île très volcanique tout près du pôle Nord, 30 % de l'électricité est d'origine géothermique. Cela permet de chauffer les maisons bien sûr, mais aussi des serres pour cultiver des tomates, du raisin, des bananes... malgré les températures plutôt froides toute l'année !

Au pied du volcan actif de Vulcano en Italie, touristes et promeneurs prennent des bains de boue soufrée.

MONSTRES SOUS SURVEILLANCE

Avant d'entrer en éruption, les volcans changent de comportement. C'est le travail des volcanologues de déceler et de comprendre les signes de réveil pour décider d'évacuer ou non les gens qui habitent aux alentours.

Faire parler le volcan

Le premier travail des volcanologues est de bien connaître l'histoire du volcan. Quand ont eu lieu sa première et sa dernière éruptions ? Entre-t-il régulièrement en éruption ? Sont-elles effusives avec des coulées sans danger ou, au contraire, explosives avec des nuées ardentes ?
Les réponses à ces questions permettent de savoir si le volcan est dangereux et s'il mérite une surveillance rapprochée.

Des observatoires volcanologiques

Il en existe aujourd'hui plus d'une centaine dans le monde. Dans ce centre de calcul, des volcanologues travaillent sur des ordinateurs puissants, reliés en permanence par des antennes aux appareils très modernes installés sur le volcan. Grâce aux webcams et aux satellites, les scientifiques ne sont plus obligés d'aller chaque jour sur le volcan. Ils l'étudient à distance.

Ausculter le volcan

Au réveil, un volcan a la tremblote ! Des mini-vibrations sont créées par le mouvement du magma qui monte. Les gaz sous pression ouvrent des fissures. Seuls les sismomètres, des appareils très sensibles installés sur les pentes du volcan, peuvent les détecter et les retranscrire sous forme de graphique (sismogramme).

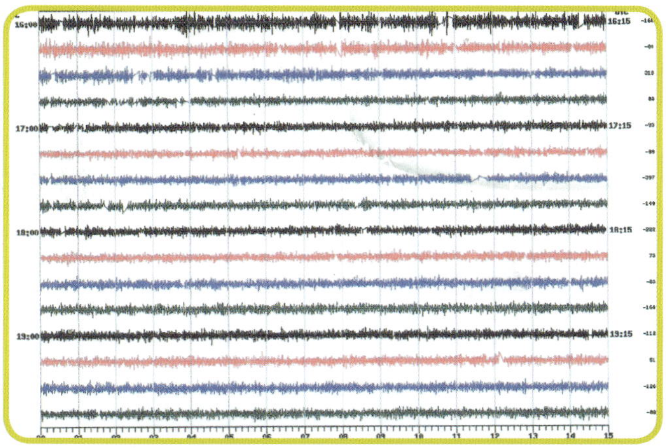

En montant, le magma fait aussi gonfler le sol du volcan. Indétectable à l'œil, les appareils à laser et les GPS sont capables de mesurer une déformation de 1 mm ! Juste avant l'éruption, à l'endroit où le magma va sortir, la déformation peut atteindre plusieurs mètres par jour. Là, il vaut mieux se sauver...

Détecter les gaz

Quand le magma s'approche de la surface, certains gaz s'échappent en premier, comme le dioxyde de carbone ou le radon. On fait donc des prélèvements de gaz sur le volcan pour les détecter, car ils annoncent l'arrivée de l'éruption.

Prendre la température du volcan

À l'approche du magma brûlant, la température du sol, des fumerolles, ainsi que celle des sources autour du volcan, augmente. Les volcanologues la surveillent avec un thermomètre très sensible, le thermocouple, qui mesure des températures de plusieurs centaines de degrés. On peut aussi mesurer la température à distance avec des caméras thermiques.

MÉTIER : VOLCANOLOGUE

Les femmes et les hommes qui étudient les volcans sont des volcanologues. Mais quelle idée d'étudier ces montagnes qui fument, qui brûlent, qui puent, et qui ont mauvaise réputation ?

UNE PASSION

Peu de personnes choisissent ce métier. Il faut aimer travailler dans la nature, qu'il pleuve ou qu'il fasse très chaud, et sans confort, dans un environnement hostile : gaz, chaleur, poussières et cendres, surfaces de coulées de lave refroidies sur lesquelles il est difficile de marcher... Il faut être un peu sportif et curieux, aimer observer et comprendre la nature et être très patient. Enfin, il faut faire de longues études scientifiques qui permettent de connaître et de comprendre les volcans. Puis il faut travailler pour un centre de recherches scientifiques ou une université spécialisés en volcanologie (l'étude des volcans).

LE VOLCANOLOGUE EN MISSION

Gare aux brûlures quand on s'approche trop près d'une coulée ou des cendres chaudes.
Les volcanologues savent bien qu'ils ne courent pas assez vite pour échapper à une nuée ardente. Ils doivent donc être très prudents. Ils travaillent le plus vite possible pour prélever des échantillons, installer des appareils... et souvent avec un hélicoptère, pour se sauver rapidement si nécessaire.

DES DRONES POUR AIDER LES VOLCANOLOGUES

Aujourd'hui, grâce aux drones, les volcanologues peuvent surveiller et étudier un volcan en éruption plus facilement. On peut par exemple fixer sur certains drones des caméras et des instruments de mesure, puis on envoie le drone voler au-dessus du volcan pour l'espionner. Il peut alors transmettre des informations sur l'activité dans le cratère, la température, les gaz, la déformation du volcan... au volcanologue, qui pilote en sécurité le drone en bas du volcan.

Un sismomètre après le passage de la nuée ardente !

QUIZ

À toi de trouver les bonnes réponses
à ces questions.
Un indice : elles sont toutes dans le livre !

1. Le trou rond au sommet d'un volcan est :

- **A.** un conduit
- **B.** un dôme
- **C.** un cratère

2. Combien y a-t-il de volcans actifs sur Terre ?

- **A.** 1 500
- **B.** 10 000
- **C.** 55 000

7. Un volcan effusif avec des pentes douces est :

- **A.** un volcan bouclier
- **B.** un volcan actif
- **C.** un volcan en sommeil

8. Quel est le volcan qui a détruit la ville de Pompéi en l'an 79 ?

- **A.** l'Etna
- **B.** le Stromboli
- **C.** le Vésuve

9. Le volcan de Soufrière Hills se situe :

- **A.** sur l'île de La Réunion
- **B.** sur l'île de Montserrat, aux Antilles
- **C.** sur l'île de Java, en Indonésie

10. Un maar est :

- **A.** un gaz
- **B.** un volcan
- **C.** un cratère tout rond

15. L'immense cratère des supervolcans est :

- **A.** un lac
- **B.** une caldera
- **C.** un maar

16. Au Mexique, quel volcan est né dans un champ de maïs ?

- **A.** Popocatepetl
- **B.** El Chichon
- **C.** Parícutin

17. Un « lahar » sur un volcan est :

- **A.** une coulée de lave
- **B.** une coulée de boue à base de cendres
- **C.** une coulée d'eau

18. Comment appelle-t-on l'utilisation de la chaleur naturelle du sol ?

- **A.** la géothermie
- **B.** la volcanologie
- **C.** le magmatisme

3. À combien estime-t-on la température au cœur de la Terre ?

- **A.** 50 °C
- **B.** 500 °C
- **C.** 5 500 °C

4. Combien y a-t-il de plaques tectoniques principales ?

- **A.** 6
- **B.** 12
- **C.** 20

5. Le basalte est :

- **A.** la roche volcanique
- **B.** un gaz
- **C.** le magma

6. Les projections volcaniques de moins de 2 mm s'appellent :

- **A.** des bombes
- **B.** des lapilli
- **C.** des cendres

11. Comment s'appelle le volcan de Bali qui est entré en éruption en 2017 ?

- **A.** Le Nyiragongo
- **B.** L'Agung
- **C.** Le Tambora

12. Dans le cratère du volcan Kawah Idjen se trouve un lac :

- **A.** de lave
- **B.** d'eau
- **C.** d'acide pur

13. Quelle quantité de gaz soufré l'ensemble des volcans rejettent-ils chaque année ?

- **A.** 2 millions de tonnes
- **B.** 20 millions de tonnes
- **C.** 200 millions de tonnes

14. Quelle est la couleur de la lave qui s'écoule de l'Ol Doinyo Lengaï ?

- **A.** rouge
- **B.** jaune
- **C.** noire

19. Pour partir rapidement, les volcanologues utilisent :

- **A.** la voiture
- **B.** l'hélicoptère
- **C.** le vélo

20. Combien y a-t-il d'observatoires volcanologiques dans le monde ?

- **A.** environ 10
- **B.** environ 100
- **C.** environ 1 000

SOLUTIONS

1. C - **2.** A - **3.** C - **4.** B - **5.** A - **6.** C - **7.** A - **8.** C - **9.** B - **10.** C - **11.** B - **12.** C - **13.** B - **14.** C - **15.** B - **16.** C - **17.** B - **18.** A - **19.** B - **20.** B

INDEX

CRÉDITS ICONOGRAPHIQUES

1re de couverture : Shutterstock – **p. 4-5** : Shutterstock – **p. 6-7** : L. Blondel – **p. 8 g** : L. Méhée ; **d** : Ocean/Corbis – **p. 9** : L. Blondel – **p. 10** : L. Schlosser – **p. 11** : L. Méhée – **p. 12-13** : Mikkel Juul Jensen / Bonnier publications/ Science Photo Library – **p. 14** : Douglas Peebles/Corbis – **p. 15** : **hg** : Pierre Perrin/ Sygma/Corbis ; E. Pradal – **p. 16** : Sylvain Grandadam/Getty – **p. 17** : E. Pradal – **p. 18** : E. Pradal – **p. 19** : **hg** : E. Pradal ; **bg** : E. Pradal ; **bd** : Ulet Ifansasti/ Getty Images/AFP – **p. 20-21** : Martin Rietze/Westend61/Corbis – **p. 22 g** : DEA/C. Sappa/Getty Images – **p. 22 d** : Lothar Slabon/epa/Corbis – **p. 23 hg** : Dr. Richard Roscoe/Visuals Unlimited/Corbis – **p. 23 hd** : Arctic-Images/Corbis ; **b** : Gelmert Finol/epa/Corbis – **p. 24 hg** : Ifremer Olivier Dugornay ; **bd** : Ifremer /Campagne Cyatherm 1982 – **p. 25 h** : Ifremer Eric Lacoupelle ; **b** : Ifremer-Victor/Campagne Phare – **p. 26 g** : Marcos Ferro/Aurora Photos/Corbis ; **d** : Stephanie Konfal-Dan Dzuris/USGS/epa/Corbis – **p. 27 hg** : Michael Melford/Getty ; **hd** : Dr. Richard Roscoe/Visuals Unlimited/Corbis ; **bg** : Christie's Images/Corbis ; **bd** : Alberto Garcia/Corbis – **p. 28** : E. Pradal – **p. 29 g** : E. Pradal ; **d** : Louise Gubb/Corbis – **p. 30 hg** : DR ; **bg** : E. Pradal ; **d** : E. Pradal – **p. 31 g** : E. Pradal ; **bg** : E. Pradal ; **d** : E. Pradal – **p. 32 g** : Neale Clark/Biosphoto ; **d** : Sylvain Cordier/Biosphoto – **p. 33 g** : NASA/Roger Ressmeyer/ Corbis ; **d** : Corbis – **p. 34-35** : L. Méhée – **p. 36** : Hans Strand/Corbis – **p. 37** : E. Pradal – **p. 38 g** : Neale Clark/Getty ; **d** : E. Pradal – **p.39 g** : Swim Ink 2, LLC/Corbis ; **d** : E. Pradal – **p. 40 h** : E. Pradal ; **b** : Douglas Peebles/Corbis – **p. 41** : E. Pradal – **p. 42 h** : Roger Ressmeyer/ Corbis ; **b** : L. Méhée – **p. 43 hg** : E. Pradal ; **hd & b** : L. Méhée.

Direction : Guillaume Arnaud, Guillaume Pô
Direction éditoriale : Emmanuelle Braine Bonnaire
Édition : Juliette Magro et Laure Chataignon
Direction artistique : Élisabeth Hébert assistée de Bleuenn Auffret
Direction de fabrication : Thierry Dubus
Fabrication : Sabine Marioni

57, rue Gaston Tessier, CS 50061, 75166 Paris cedex 19
www.fleuruseditions.com
Loi n°49-956 du 16 juillet 1949 sur les publications destinées à la jeunesse.

Dépôt légal : août 2018

1re édition – n ° d'édition : J19104-02
ISBN : 978-2-2151-3873-0
Code MDS : 592794

Achevé d'imprimer en janvier 2019 par Pollina (France) - 87931

Certifié PEFC
Ce produit est issu de forêts gérées durablement et de sources contrôlées.
PEFC 10-31-2065
pefc-france.org

THE INDIAN PORTRAIT

THE INDIAN PORTRAIT
1560–1860

Edited by Rosemary Crill and Kapil Jariwala

National Portrait Gallery, London

Acknowledgements
We are indebted to many people who have helped in the preparation of this book. For a generous contribution towards additional illustrations, we are very grateful to the Luigi and Laura Dallapiccola Foundation. Robert Skelton offered valuable guidance and information far beyond his own essay. Mike Wheeler provided much of the information in the appendix on materials and techniques, as well as supplying the photographs for it. Anna Dallapiccola, Vivek Nanda and Jyotindra Jain were also very helpful over the use of images. For discussions about specific paintings, we are grateful to Ainsley Cameron, Asok Kumar Das, Sven Gahlin, B.N. Goswamy, Navina Haidar, George Michell and Andrew Topsfield. Kristina Sanne's timely intervention enabled us to include the painting of 'Jahangir holding a globe' in the exhibition and the book. We are also indebted to Claudio Moscatelli for his enthusiasm and support of the project from the beginning. We are very grateful to Dr Laura E. Parodi, College Lecturer in Islamic Painting, University College Dublin, for sharing with us her unpublished research on Plate 1 and contributing the catalogue entry for it.
Rosemary Crill and Kapil Jariwala

Picture Credits
Every effort has been made to contact the holders of copyright material and any omissions will be corrected in future editions if the publisher is notified in writing. Locations and lenders are given in the captions, and further acknowledgements are given below.

Illustrations: Page 10 © The Trustees of the Chester Beatty Library, Dublin; 13 (top) Bharat Kala Bhavan, Varanasi; 13 (bottom) Photo courtesy of Benoy K. Behl; 15 Private Collection, New York; 16 Photo courtesy Indira Gandhi National Centre for the Arts, New Delhi; 19 Hermitage, St Petersburg, Russia/ The Bridgeman Art Library; 20 (top), 25–8 (all), 35, 42, endpapers © V&A Images/Victoria and Albert Museum, London; 20 (bottom), 43 (top), 45 By permission of The British Library; 21 Lalbhai Dalpatbhai Museum, Ahmedabad. Photo © Robert Skelton; 29, 56 © 2009, Image copyright The Metropolitan Museum of Art/Art Resource/Scala, Florence; 36 Courtesy of Chhatrapatai Shivaji Maharaja Vastu Sangrahalaya; 37 Photo © 2009 Museum of Fine Arts, Boston; 38 Private Collection, London; 43 (bottom) bpk/Museum für Islamische Kunst, Staatliche Museen zu Berlin. Photo: Ingrid Geske; 44 The Aga Khan Trust; 62 Arthur M. Sackler Gallery, Smithsonian Institution, Washington DC: Purchase – Smithsonian Unrestricted Trust Funds, Smithsonian Collections Acquisition Program, and Dr Arthur M. Sackler, S1986.438; 76 Private Collection/The Stapleton Collection/The Bridgeman Art Library; 171–2 (all) Courtesy of the Victoria and Albert Museum, 2009. Photos: Michael Wheeler.

Plates: Plates 1, 11, 41 © The Trustees of the British Museum; 2, 18 The Bodleian Library, University of Oxford; 3 © The Trustees of the Chester Beatty Library, Dublin; 4, 5, 10, 26, 44, 48, 50 Frits Lugt Collection, Institut Néerlandais, Paris; 6, 19, 20, 22, 27, 36, 40, 49, 52, 59 © V&A Images/Victoria and Albert Museum, London; 7, 8, 29, 30, 53 © British Library Board; 9 © RMN/Ravaux; 12 © The Cleveland Museum of Art, Gift of Severance and Greta Millikin; 13, 47 © Sven Gahlin; 14, 25, 34, 35, 51 Private Collection; 15 Photo © 2010 Museum Associates/LACMA; 16 © 2010. The Metropolitan Museum of Art/Art Resource/Scala, Florence; 17, 39 Photo © 2010 Museum of Fine Arts, Boston; 21 © RMN/Daniel Arnaudet; 23, 24 Royal Collection © 2010 Her Majesty Queen Elizabeth II; 28 Bristol's Museums & Art Gallery; 31, 54, 55 © The David Collection; 32, 43 Howard Hodgkin; 33 © The Barber Institute of Fine Arts, University of Birmingham; 37 © The Metropolitan Museum of Art; 38, 45, 46 © Museum Rietberg Zurich. Photo: Wettstein & Kauf; 42, 57 Claudio Moscatelli; 56, 60 San Diego Museum of Art; 58 © The Nour Foundation, courtesy of the Khalili Family Trust.

Published in Great Britain by National Portrait Gallery Publications, National Portrait Gallery, St Martin's Place, London WC2H 0HE

Published to accompany the exhibition *The Indian Portrait: 1560–1860* at the National Portrait Gallery, London (11 March–20 June 2010).

For a complete catalogue of current publications please write to the address above, or visit our website at www.npg.org.uk/publications

ISBN 978 1 85514 409 5

A catalogue record for this book is available from the British Library.

10 9 8 7 6 5 4 3 2 1

Head of Publications Celia Joicey
Managing Editor Christopher Tinker
Production Manager Ruth Müller-Wirth
Copy-editor and indexer Steve Tribe
Design Anne Brady at Vermillion Design
Picture research Sarah Hopper
Map Paul Goodhead

Catalogue supported by the Luigi and Laura Dallapiccola Foundation

Printed in Hong Kong

Contents

Foreword

SANDY NAIRNE
Director, National Portrait Gallery, London

The beautiful paintings in *The Indian Portrait* give fragmentary glimpses into the various cultures that have flourished in the Indian subcontinent, yet simultaneously offer authoritative images of captivating individuals living through the 300-year span of the exhibition. These exquisite depictions are wrought with dazzling skill and technical brilliance – as vivid likenesses of people, their surroundings and often radiant costumes. And however formal the pose or setting, here are individuals brought to life with utter conviction.

The National Portrait Gallery's exhibition *The Raj: India and the British, 1600–1947* held in 1990–1991 emphasised the many levels of connection between Britain and India, before and during the period of empire. Several exhibitions of Indian material have followed in London, including, in 2009, *Garden and Cosmos* and *Maharaja* presented at the British Museum and the Victoria and Albert Museum respectively. *The Indian Portrait* aims to add further to this understanding of the visual arts of India.

The Indian Portrait grew from an idea proposed by Kapil Jariwala. It was clear that Indian portraiture was an area of artistic achievement overlooked in Britain and that outstanding works from private and public collections might productively be brought together. We were very pleased that Rosemary Crill, Senior Curator in the Asian Department at the Victoria and Albert Museum, agreed to work as co-curator of the exhibition. My first thanks go to both of them as the hard-working architects of this wonderful project and for their contributions to this book. We are very grateful to the Victoria and Albert Museum for allowing Rosemary to work on the exhibition. I should also like to thank Jerry Losty, Robert Skelton and Susan Stronge for their fascinating essays, and Mike Wheeler, who is among those to whom we are grateful for additional advice.

Kapil Jariwala and Rosemary Crill have worked closely with Sarah Tinsley, Head of Exhibitions, and with Sophie Clark, Exhibitions Manager, and I am very grateful to them, as well as to Celia Joicey, Head of Publications, and Christopher Tinker, Managing Editor, for creating this delightful book, the Luigi and Laura Dallapiccola Foundation for their special support, and Steve Tribe and Anne Brady for their work as copy-editor and designer. My thanks also to Calum Storrie for his work on the exhibition set design. I should also like to thank Pim Baxter, Stacey Bowles, Naomi Conway, Andrea Easey, Neil Evans, Ian Gardner, Michelle Greaves, Ruth Müller-Wirth, Sabina Rahman, Liz Smith and Helen Whiteoak and all the other staff at the Gallery who have worked on the project.

Finally, very special thanks are due to the lenders, both public and private, who have supported the exhibition so generously.

Opposite: Detail from 'Kunwar Anop Singh of Devgarh riding with a falcon' (pl. 38).
Frontispiece (p. 2): Detail from 'Princes of the House of Timur' (pl. 1).

BACTRIA
IRAN
AFGHANISTAN
Kabul
Jalalabad
Peshawar
NORTH-WEST FRONTIER
CHINA
KASHMIR
Mankot
JAMMU
Jasrota
Chamba
Bhera
Basohli
HIMACHAL PRADESH
Nurpur
Lahore
Kangra
Guler
PUNJAB
Mandi
Bilaspur
PAKISTAN
HIMALAYAS
Hansi
Meerut
Bikaner
Jhajjar
DELHI
RAJASTHAN
Alwar
Mat
Jaipur
Fatehpur Sikri
Mathura
Kishangarh
Amber
Agra
Jodhpur
Bundi
MARWAR
Kota
Devgarh
Ghanerao
Udaipur
MEWAR
Gwalior
Lucknow
OUDH
Faizabad
Banda
Kaushambi
Kalinjar
Bharhut
NEPAL
BHUTAN
Patna
Magadha
BIHAR
BANGLADESH
Ahmedabad
Jamnagar (Nawanagar)
Baroda
Indore
Mandu
Murshidabad
Plassey
BENGAL
Surat
INDIA
Kolkata (Calcutta)
Ajanta
Ellora
Nagpur
Mumbai (Bombay)
WESTERN GHATS
Konarak
ORISSA
DECCAN
Golconda
Hyderabad
Bijapur
GOA
Vijayanagar
ARABIAN SEA
BAY OF BENGAL
Tirupati
Chennai (Madras)
Mamallapuram
Thanjavur (Tanjore)
N
SRI LANKA
0
300 miles
0
500 kilometres
INDIAN OCEAN

Chronology

2nd–1st centuries BC	Ajanta caves excavated and painted (first phase)
1st–3rd centuries AD	Kushans rule parts of central and north-west India
4th–6th centuries	Gupta dynasty rules north India
460–478	Ajanta caves painted (second phase)
12th–16th centuries	Sultanate period in north India
1498	Vasco da Gama discovers sea route to India
1526	Babur enters India and establishes Mughal dynasty
1530–1556	Humayun succeeds Babur as Emperor; in exile in Iran 1540–1555
1556–1605	Akbar rules from Agra, Fatehpur Sikri and Lahore
1580–1583	First Jesuit mission to the Mughal court
1600	British East India Company founded
1608	British establish their first trading post in India at Surat
By 1614	Rajput kingdoms are incorporated into Mughal territory
1605–1627	Jahangir rules from Agra and Lahore
1628–1658	Shah Jahan rules from Agra and Delhi
1658–1707	Aurangzeb rules from Delhi
By 1687	Deccan sultanates are incorporated into Mughal territory
1757	Lord Clive defeats Siraj ud-Daula of Bengal at Plassey, and the British take over Bengal
1858	Bahadur Shah II, the last Mughal Emperor, is deposed and goes into exile in Burma

رقم گوردهن

Introduction

KAPIL JARIWALA

The face is a layer of skin that covers the box of bone that protects the brain. Yet this physical façade conveys inner emotions, either involuntarily or deliberately, and exposes us to a degree of vulnerability. Its appearance is the identity that makes us recognisable to others and to ourselves. The artists who mastered the poignant art of portrait-painting show themselves to be perceptive at the higher level, that of humanity.

The Indian Portrait, 1560–1860 explores the development of the genre within the vast body of Indian painting. It looks at the different ways in which Indian artists have approached the portrait over a 300-year period and at various places across the geography of the Indian subcontinent. The story of the Indian portrait is a fascinating journey, encompassing notions of the real and the ideal, the observed and the imagined. The selection presented here consists mainly of paintings of known people and documented portraits, but also includes some that remain anonymous. These images reveal the history of the period, the role of patronage in driving innovation in artistic representation, and the emergence of the artist as an observer with a distinct and subtle vision. Many of them also illuminate the personal histories of the individuals they depict. These works are a record of a rich and complex past, embracing influences from Iran and Europe as well as local Hindu and Muslim traditions. They not only demonstrate the growing self-awareness of how Indians saw themselves, but also how they wished to be seen.

It is generally agreed that a portrait is the recognisable image of a known individual, and that if the artwork represents the sitter's face accurately then it is regarded as a true likeness – a faithful representation of that person. The painting's accuracy is dependent on the satisfaction of the sitter or its patron and corroborated by those who knew the subject. Indeed the painting or

Opposite: 'Parviz and women'. Mughal, by Govardhan, c.1615–1620. Chester Beatty Library, Dublin (MS.7A.2).

sculpture could be used to identify an individual, and as an artwork it can reflect the sitter's character, both physical and psychological. In the context of miniature painting, which forms a large proportion of the works discussed here, accuracy in portraiture is a desirable characteristic when the function of the painting is to illustrate and document as a historical record.

The role of the portrait in India is many-faceted – it serves as an official chronicle or eyewitness account, and as a means of revealing the intimate moments of everyday life. The portrait as a tool of propaganda is not unusual in the history of art, but its proliferation and mastery in the Mughal and Rajput courts brought it to a new level of artistry and style. The rise of the 'observed' portrait, instigated largely by European influences, enabled the Mughal artist to address realism, and in turn brought about the 'empathy' portrait. This depicted the sitter, for the first time in Indian art, as a psychological entity, revealing their fallibility and compassion, or simply how they really looked.

The high point of Indian portraiture is, arguably, the part of the Mughal period that spans the reigns of the Emperors Akbar (1555–1605) to Muhammad Shah (1719–1748), but this book begins by looking at the role of the portrait in Indian art and literature before the Mughal conquest of 1526. It then charts the portrait's development from its origins at the Mughal court under the Emperor Akbar, and the peak of its development under Jahangir and Shah Jahan. From the Mughal court, the art of portraiture spread to the Islamic kingdoms (sultanates) of the Deccan further south, and to the small Hindu kingdoms in Rajasthan and the Pahari region or Punjab Hills. In all of these regions, distinctively local styles were overlaid on essentially Mughal prototypes. European influence, which had contributed to the initial emergence of the documentary portrait at the Mughal court, returned emphatically in the eighteenth century during the so-called Company period, when western concepts of realism were applied by Indian artists to local subjects.

The Indian portrait – and indeed Indian painting as a whole – is the sophisticated product of indigenous development and foreign influence. Art in pre-Mughal India was abundant; the subcontinent's art history stretches back over three thousand years prior to the Mughal invasion, from the early Indus valley civilisation (*c.*2500 BC) through the great Maurya, Gupta and Chola periods (fourth century BC to thirteenth century AD). In time, the centres of power and patronage grew into sizable centres that become synonymous with 'schools' or styles of Indian painting. Hindu princely states in Rajasthan and the Pahari region were scattered and stood isolated, separated by huge distances and by vast deserts, nestled in valleys or perched on mountainous terrain. While some artists travelled between patrons within these areas, their physical remoteness from the Mughal court contributed to a stylistic individuality visible in their art – they developed their own pictorial language as well as employing symbols and motifs to depict their stories and their world. In this context, the physical import of new materials and techniques and the adoption of artistic and aesthetic attitudes registers acutely when foreign influences are incorporated

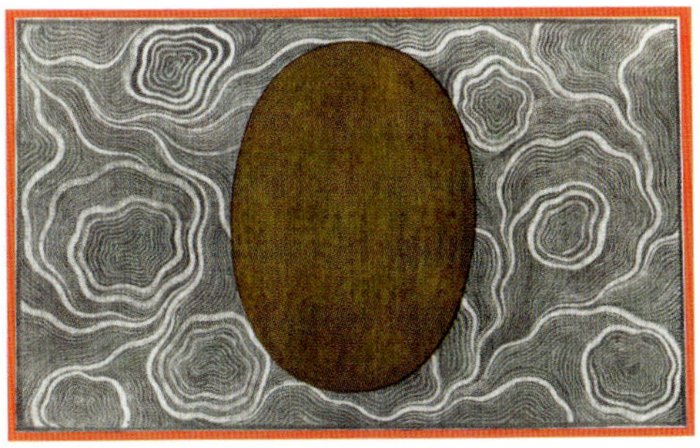

Fig. 1 'The golden egg of Brahma' (*Hiranyagarbha*), *c.* eighteenth-century Kangra. Gouache on paper. Bharat Kala Bhavan, Varanasi, India.

Fig. 2 'Vidhurapandita teaching the sacred doctrine', *c.* late fifth century. Cave 2, Ajanta, Maharashtra.

into the artistic statement. Most obvious among these is the use of perspective (pl. 6) and working directly from life (pl. 7). The result is a rich hybrid with its own individual dynamic.

Indian art is often characterised by its unabashed erotic representation and sensual religious sculptures, the grandeur of its temples, and forms of painting that were sometimes stylised to the point of abstraction, typified by Jain cosmological paintings and the reductive symbolism in Tantric art (fig. 1). A quintessential example of what is generally regarded as 'Indian' art is to be found at the Ajanta caves, in Maharashtra, Central India, where early examples of the sophisticated portrait (or certainly sensitive likenesses) are included in serene mural paintings, starting in the late first century BC but mainly painted in the fifth century AD. These paintings are surprising in their mastery of naturalism and observation; they display fluidity in marked contrast to the often-formal rigidity of early manuscript painting. At Ajanta there seem to be an equal number of paintings apparently observed from life and those that are idealised, or simply drawn from imagination to portray different types of people. In Cave 2's 'Vidhurapandita teaching the sacred doctrine' (fig. 2), the painting is precise, and there is an exactitude in the depiction of the poses of Vidhurapandita preaching, the Naga King with his halo of serpent hoods symbolic of his kingdom, and his Queen Vimala and daughter Irandati, as they clasp their hands in a gesture that indicates their receptiveness and awe. Here the faces are seen in various attitudes, heads are in three-quarter view, their gaze is focused and directed deliberately at the sage Vidhurapandita as he delivers his sermon; they sit on cushions on a terrace or balcony whose awkward perspective is exciting and makes the whole frieze animated and alive. The colour, though from a limited palette, is used tonally to modulate form, emphasising the almost sculptural quality of these wall paintings. The composition emulates contemporary conventions of bas-relief sculpture, like those at nearby Ellora, where the rock-cut architecture incorporates Buddhist, Hindu and Jain temples. Here, as in the Ajanta murals, the figures are posed in a shallow space, and prominent placement, associated emblems and scale are employed to emphasise the main protagonists in the narrative.

Most early representations of people in Indian art were generalised types rather than accurate likenesses of known individuals. It is important to make a distinction between the portrait that is observed from life and the stylised or stereotype portrait. In both forms, the intended function is worth considering. The stylised image has allusions to the 'ideal' representation, and an idea of physical or moral perfection that can be symbolically conveyed by a gesture, by the type of eyes and mouth or by skin colour. The ideal attributes of heroes and heroines in early Indian art and literature were categorised and prescribed in carefully laid-down canons, which were adhered to faithfully by artists and sculptors. Images of lowlier people, while less frequently painted, were less subject to these constraints. The countless portraits of unknown people, images that have lost their historical and literal name tag, can still be judged to be 'true' on an instinctive level, even if this form of appreciation may be subjective and relies on the viewer's empathy towards the representation. Anonymous portraits populate the history of art of all periods, and it would be a mistake to dismiss them.

Painting in medieval India had various functions: it often served to illuminate and illustrate manuscripts, which were generally only accessible to a few. Wall paintings such as the mural paintings at Ajanta, on the other hand, were intended for public consumption. These were rich in symbolism that would presumably be understood by the average viewer, who would be acquainted with their meaning. In contrast to these large-scale works, there were also decorative paintings on wooden panels and miniature or small-scale pictures on palm leaf and later on paper. These objects were looked at in the privacy of a domestic setting and viewed intimately. These paintings were preserved in some areas in book form but also as single folio pages or stacks of paper or palm-leaf folios sandwiched between wooden book-covers. Others were stored in boxes or simply piled and wrapped in a piece of cloth, and brought out specially to be seen. The convention of hanging paintings permanently on walls for display was alien: thankfully this has meant that many of these miniature paintings have survived, their colours vibrant and generally in a state of good preservation.

In the great masterpieces of Indian miniature painting, the painter veers away from mere illustration, when the picture no longer needs the cord of the text to tether it down. This can be seen in the sensuous painting by Govardhan, in the Chester Beatty Collection, Dublin. In 'Parviz and women', *c.*1615–1620 (p. 10), a lesser artist would have been reduced to depicting yet another painting of a prince in love, enjoying the company of a bevy of beautiful women in yet another delightful garden. Govardhan transforms the scene with tender observation: the prince, seated on a terrace, offers his lady a glass of wine whilst gently holding her other hand. The painting is also as much about the three other women, who exchange knowing glances and create a second narrative stream. The painting is a triumph of the artist's empathy with his subjects – a marriage of craft and feeling, it represents a level of assurance and artistic freedom in which the artist has either attempted to show outwardly the inner emotions of the protagonists or has asserted his own psychological interpretation onto the scene. The artist's involvement gives the painting another dimension, removing it further from a formal chronicle. In another work, a drawing, 'Two friends', *c.*1775 (fig. 3), by an unknown artist, a similar level of intimacy with the subject is demonstrated. The work is apparently a fragmentary sketch, which seems to have been done from life and presumably for the artist's personal enjoyment.

Large-scale paintings were sometimes painted on cloth, and these were brought out on special stately occasions such as a *Durbar* (grand court assembly), or used to decorate a royal tent. Three examples would be the British Museum's 'Princes of the House of Timur' (pl. 1), a grand portrait of Jahangir enthroned and holding a globe (pl. 14) and a life-size standing portrait of 'Maharana Karan

Fig. 3 'Two friends', *c.*1775. Rajasthan, probably Jaipur. Ink on paper. Private Collection, New York.

Singh' (pl. 41). Large paintings such as these were meant to be displayed and to impress. Sir Thomas Roe, the English ambassador to the Mughal court from 1615 until 1619, followed Jahangir's court from Ajmer to Mandu and in both locations noted that European portraits were displayed behind Jahangir's throne at the New Year festival of *Nau-ruz*. This European concept of wall hanging was obviously known to Jahangir's court, but large-scale works on cloth remained in the minority. Painting on cloth was adopted in Rajasthan where *pichhvai* (images painted on cotton cloth) of Krishna were hung in certain Hindu temples and, in a secular version of the tradition, large images of rulers like pl. 41 were displayed at the Rajput courts.

New ideas, new painting methods and new materials for artists entered India with successive waves of incomers. Ancient India was an important world trader from time immemorial. The great trade routes such as the Silk Road and the Grand Trunk Road connected India to China, the Mediterranean and the rest of the world; these routes became the conduit for material goods as well as ideas. The Roman writer Pliny the Elder complains at the cost of imports from India to Rome in his *Natural History* written in AD 77–79, whilst African giraffes were brought to Konarak in eastern India in the thirteenth century – as we know from an unmistakable giraffe depicted in a stone relief panel in the Sun Temple.

The selection of Indian portraits brought together here does not claim to be comprehensive; it is, however, an attempt to tell the story of the portrait in India – from the sumptuous Mughal courts to the hermit's cave, from the imposing presence to private intimacy. It aims to celebrate the beauty, power and humanity of these works of art, showing that the Indian portrait at its best can stand shoulder to shoulder with outstanding examples of portraiture from around the world.

The Portrait in Early India

ROBERT SKELTON

If portraits are defined as recognisable images of known human individuals, then all that remains from the earlier periods of Indian art are stories about them rather than real works of art. The human form was represented in art within the subcontinent from the earliest times, most notably on the walls of Buddhist cave temples carved into the rock faces of the Western Ghats at Ajanta, where the paintings show remarkable naturalism similar to developments in the contemporary Mediterranean world (see fig. 2, p. 13). Such skills in depicting human beings must have been a first requirement for the development of portraiture, but the mere existence of that ability does not explain how the concept of the portrait first arose in India.

Most of the stories that have come down to us do not pretend to be anything but fiction, but one at least concerns a historical figure who founded one of the world's major religions. The story survives in the *Divyavadana*, an anthology of Buddhist tales of the first to fourth centuries AD. It relates that King Bimbisara, the ruler of Magadha (present-day Bihar) and one of the Buddha's contemporaries, wanted a representation of the Buddha painted on cloth.[1] The artist tried to produce one but failed, whereupon the Buddha allowed his shadow to fall on the cloth and instructed that the outlines should be filled in with colours.

Two other rulers, Vatsaraja of Kausambi and Prasenajit of Kosala, are said to have had statues made of the Buddha during his lifetime,[2] and, although these tales are unlikely to be true, it is clear that the idea of the portrait as an art form already existed in India nearly two millennia ago. Indeed, low-relief representations of Prasenajit and of Bimbisara's parricidal son Ajatashatru appear on the pillars of the Buddhist Stupa at Bharhut (early first century BC).[3]

Opposite: Detail from wall painting reputedly showing Rajaraja Chola (right) with his guru Karuvur Devar. Brihadeshvara temple, Thanjavur, *c.* AD 1000.

From roughly this same period we have a famous compendium of stories compiled by the twelfth-century Kashmiri Brahmin Somadeva, who claims that he collected them from an earlier collection called the *Brihat Katha* ('Great Tale'). The stories were written in a north-west Indian vernacular by Gunadhya, who seems to have belonged to the period of Indian mercantile expansion in the last centuries BC and early centuries AD.[4] These stories, which are often quite racy, give us a vivid picture of urban life in India two millennia ago – a time of growing prosperity and sophistication. They were still popular centuries after Somadeva's lifetime, and an illustrated version was made for the Mughal royal library during Akbar's reign at the end of the sixteenth century.[5]

One story tells of a handsome young prince of the *vidyadharas*, heavenly attendants of the gods, who is on his way to fight a great demon that has defeated the god Indra. Before joining the battle, he stops at a temple of the goddess Gauri just as Padmavati, a princess of the corps of heavenly musicians, is being abducted by two hideous demonesses. Needless to say, he saves her, and the result of this is of course inevitable. Off he goes to defeat the demon king, while the princess returns to her palace where she realises that she is deeply in love. After retiring alone to a garden where she is unable to assuage her desire to see him, she decides that the nearest she can get to achieving this is to paint his portrait and gaze on that. Meanwhile, the prince is cursed by a hermit and condemned to live in the world of men. Eventually, through Padmavati's ascetic penances and after countless bizarre adventures, the two are reunited.[6]

In another tale from the *Brihat Katha*, we hear of Sundarasena, a prince of extraordinary valour and good looks, who is accosted by an aged female ascetic while out hunting. Having gained his interest by her account of the beautiful princess Mandaravati from a distant land, she shows him a portrait of the princess which she has made on cloth. He at once falls in love, whereupon the female ascetic draws his portrait and carries it off to show to the princess, with similar results. A marriage is duly planned but neither of the lovers can wait. Each sets off impatiently towards the other, only to fall victim to shipwrecks and a host of other dire adventures before eventually achieving bliss in each other's arms.[7]

Similar situations arise in classical Sanskrit dramas such as the play *Malavikagnimitra*, considered to be the earliest known work of the great Sanskrit dramatist Kalidasa (*c.* fourth century AD). It concerns the Shunga king Agnimitra (second century BC), who falls in love after seeing the portrait of Malavika, a beautiful maid in attendance on the Queen, Dharini. Agnimitra's immediate desire to marry Malavika is opposed by Dharini on the grounds that the girl is a commoner, and this leads to a complicated sequence of court intrigues and manoeuvrings which only ends when Malavika is discovered to be an abducted princess from a neighbouring kingdom.[8]

A further famous case of a female artist bringing lovers together occurs in one of India's principal religious texts, the *Bhagavata Purana*, which relates myths about the god Vishnu and his incarnations.[9] The tenth and eleventh books of this *Purana*, dealing with the life of Krishna and his offspring, form an important devotional work in themselves. The relevant part of the myth occurs late in the life of Krishna, after his victory over the usurper Kansa and his establishment as a prince of the Yadav dynasty with both sons and grandsons living at Dwarka. At this time there is a demon king called Bana, who has a beautiful daughter named Usha. One night Usha dreams that she has made love to an unknown man of dark complexion and princely appearance. When she confides in her friend Chitralekha, daughter of the King's minister, that clever girl offers to help. The name Chitralekha means 'picture-painter', and she is highly skilled in the art. So she paints the portraits of the élite youths among all the classes of divine and human beings and then shows them to Usha, who picks out the man who appeared in her dream, whereupon Chitralekha uses her yogic powers to transport him secretly to Usha's chamber.

There are parallels between these stories and the Persian literary classics that were popular a millennium later at the Mughal and other Islamic courts in India. More examples are found in three of the five narrative poems that make up the celebrated *Khamsa* ('Quintet') of Nizami: stories about Alexander the Great, Khusrau and Shirin, and the tale of Turandot told to Bahram Gur by the Russian Princess.[10] It is thus clear that the idea of portrait painting, accurate enough to be an aid in making crucial personal assessments, was current in both Hindu and Islamic Indian societies over a very long period of time.

It is probably only a coincidence that the first recorded appearances of such tales involving portraiture in early Indian literature also date from around the beginning of the Christian Era, when realistic portraits of foreign rulers first began to circulate in the subcontinent. Alexander's raid on India in the late fourth century AD resulted in a succession of Indo-Greek kingdoms in the north west of the subcontinent, where what were often masterfully realistic exemplars of coin portraiture had been distributed by the Greek Kings of Bactria in the second to first centuries BC (fig. 1).[11] This region provided a trading corridor between the Mediterranean and the trans-Asian Silk Road, and was also the area through which Scytho-Parthian tribes of Central Asian origin were entering India and settling initially in Afghanistan and the Punjab, to be followed in the first century BC by the Kushans, who established capitals in Peshawar and Mathura. Further south, Roman imports including cast metal objects with figural decoration and portrait coins, largely of Augustus and Tiberius, were circulating in western India and the Deccan, where trade goods passed to and from the Mediterranean via the Red Sea.[12] As a result, virtually all of these invaders developed coinage on which, with various degrees of similitude, royal portraits appeared. When they were superseded by indigenous dynasties such as the imperial Guptas (fourth–sixth centuries AD), the practice of circulating coinage with royal portraits continued.[13]

Apart from giving us standing portraits of its most important ruler, Kanishka, identified by inscription on coins,[14] the Kushan dynasty has provided us with the first life-size standing portrait image in stone. It is now headless, but is inscribed with Kanishka's name and titles and was made during his reign for the dynastic

Fig. 1 Bactrian coin with bust of Antimachus I (*c.*180–170 BC). Hermitage, St Petersburg.

Fig. 2 Stone sculpture showing King Narasinha (left) with his guru (teacher). Konarak, Orissa, thirteenth century. Victoria and Albert Museum, London, no. IS 938.

Fig. 3 The preparation of *halwa*: illustration to the *Ni'matnama* ('Book of Delicacies') showing Sultan Ghiyas al-Din Khalji of Malwa. Mandu, 1495–1505. The British Library, IO Isl.149, f.115b.

shrine at Mat, near Mathura, his winter capital.[15] A large enthroned figure from the same site, also now headless, dated to the sixteenth year of Kanishka's reign, is reasonably believed to be of his predecessor, Vima Kadphises.[16]

Thus it is clear that actual royal portraiture already existed at the beginning of the Christian era, although it was admittedly produced by Indian craftsmen under foreign patronage. Yet examples of royal portraiture in stone or bronze are hardly prolific during the following millennium. Rather than men, it is the gods who take centre stage and humans, where they do appear, tend to be found in south India. Two notable portraits survive in a cave temple dedicated to the god Vishnu's Varaha ('boar') incarnation at Mamallapuram on the coast, south of Madras. In large relief panels we find inscribed portraits of the Pallava rulers Simhavishnu and his son Mahendravarman (*c.*600–630) with their queens,[17] while a portrait of Mahendra's son, Narasimhavarman (*c.*630–670), is found on the rock cut Dharmaraja Ratha at the same site.[18]

Painted almost four centuries later (*c.*1000) on the inner walls of the giant Brihadeshvara temple in Thanjavur is the reputed portrait of its builder Rajaraja Chola, one of south India's most powerful rulers, in conversation with his Guru, Karuvur Devar (p. 16).[19] The painting is highly stylised but convincingly expressive in conveying the relationship between the pair and the seriousness of their dialogue.[20] We cannot be sure at what date painted portraiture emerged in India because of the fragility of the medium in a such an inhospitable climate and environment. So the portraits of the Orissan ruler Narasinha (*c.*1238–1264) owe their survival to the smooth black stone of the region (fig. 2), while the dignified portraits of the sixteenth-century Vijayanagar ruler Krishnadeveraya, flanked by his two queens in the Tirumalai temple at Tirupati, are executed in durable bronze.[21]

With the overthrow of the Vijayanagar kingdom in the Deccan by a consortium of neighbouring Islamic Sultans in 1565 and the expanding power of Akbar's Mughal empire to the north, the story of the portrait's development in India fundamentally changed. Recognisable portraits of Husain Nizam Shah, one of those conquering Deccani sultans, are included in the *Tarif-i Husain Shahi*, an illustrated Persian text that was completed within six months of the battle that celebrates his role in the victory.[22]

Husain Nizam Shah was not, however, the first Indian sultan to commission a manuscript containing portraits of himself. That distinction seems to belong to Sultan Ghiyas al-din Khalji of Malwa (r. 1469–1500), who, after campaigning for his warlike father Sultan Mahmud for many years, decided to settle down at Mandu in a fortress city populated solely by women, which he re-named Shadiabad ('The Abode of Joy'). His 'Book of Delicacies' (the *Ni'matnama*) contains many recipes for his favourite dishes, with illustrations of him supervising their preparation in person (fig. 3).[23]

During the initial period of more than one and a half millennia during which portraiture was developing in India, the focus was almost invariably on the ruler alone, but after the sixteenth century that would no longer remain true. In the

Fig. 4 Painted wooden cover for a palm-leaf manuscript, showing two named Jain monks with devotees (left-hand half shown). Rajasthan, twelfth century. Lalbhai Dalpatbhai Museum, Ahmedabad.

case of Rajaraja Chola, we find him accompanied by his Guru, while at least one example of the sculpted portraits of the Orissan king Narasimhadeva portrays him with his family priest, but we know of only one instance of two named early historical figures being depicted who are not of royal blood. A painted wooden book-cover for a palm-leaf manuscript of the twelfth century shows two Jain monks, Jinadatta Suri and Gunasamudra Acharya, seated in conversation attended by two laymen (fig. 4).[24] Jinadatta (b. 1075) was one of the most famous Jain teachers in Rajasthan, who succeeded to the leadership of an important ascetic lineage. His portrait with Gunasamudra comes near the beginning of a manuscript painting tradition that eventually mutated under the influence of imported Persian painting into that of the Mughal and Rajput schools that form the body of this exhibition and book.

1 Grünwedel, *Buddhist Art in India*, p. 68.
2 Ibid. n. 1.
3 Barua, *Barhut*, vol. III, p. 52, pls. XLIX & XL, panels 51–2.
4 Penzer, *The Ocean of Story*.
5 Ehnbom, *Indian Miniatures*, pp. 40–1.
6 Penzer, op. cit., VIII, p. 164 ff.
7 Penzer, op. cit., VII, p. 139.
8 Tawney, *Malavikagnimitra*.
9 Tagare, *The Bhagavata Purana*, Part IV, vol. X, ch. 62, pp. 1652 ff.
10 Numerous manuscript copies of this famous Persian classic have survived from Iran, Central Asia and India, including the fine illustrated copy made for the Mughal Emperor Akbar in 1595. See Brend, *The Emperor Akbar's Khamsa of Nizami*, especially fig. 25.
11 See, for example, Price, *Coins*, p. 49, nos. 194–5.
12 Begley and De Puma, *Rome and India*, pp. 39–41.
13 Altekar, *Catalogue of the Gupta Gold Coins in the Bayana Hoard*.
14 Rosenfield, *The Dynastic Arts of the Kushans*, pls. II and III.
15 Ibid. pl. 2.
16 Ibid. pl. 1.
17 Sivaramamurti, *Mahabalipuram*, pl. IV.
18 Ibid. pl. II.
19 For an alternative identification of these figures, see R. Champakalakshmi, 'New Light on the Cola Frescoes of Tanjore', *Journal of Indian History*, Golden Jubilee Volume (Trivandrum, University of Kerala, 1973), pp. 349–59.
20 Seth, *Indian Painting*, pl. 72.
21 Sivaramamurti, *South Indian Bronzes*, pl. 82a.
22 Kulkarni and Mate, *Tarif-i Husain Shah Badshah Dakhan*, pp. 98, 104, 118, 150, 174.
23 Titley, *The Nimatnama Manuscript of the Sultans of Mandu*.
24 Losty, *The Art of the Book in India*, p. 36, no. 16 and Col. Pl. VII for an illustration of the right-hand side of this book cover.

Portraiture at the Mughal Court

SUSAN STRONGE

In the late sixteenth century, a radical innovation in Mughal court painting was recorded by the historian of the Emperor Akbar's reign. Abu'l Fazl wrote his magisterial chronicle the *Akbarnama* between 1589 and 1596. Its third volume, entitled the *A'in-i Akbari* ('Akbarian Ceremonial'), described various court institutions, including the *tasvir khana*, or atelier of figural painting. Here, the historian mentions the excellence of the royal artists at producing the likenesses of prominent individuals. Due to the Emperor's encouragement, Abu'l Fazl reported, the 'magical art' of *tasvir*, or 'representing figures', had gained in beauty.[1] By order of Akbar himself, 'portraits [*surat*] have been painted of all His Majesty's servants, and a huge book [*ketab*] has been made.'[2]

Abu'l Fazl measured the royal artists' work against two standards: 'the world-renowned unique art of Behzad and the magic-making of the Europeans [*farangi*, or Franks]'.[3] Kamal al-Din Behzad was the supreme artist of the Timurid and Safavid courts. A decree appointing him director of the royal library under Shah Tahmasp of Iran is cited by historians; his name was famous across the Persian-speaking world to which the Mughals belonged, and his paintings were collected in courtly and aristocratic circles. European art, on the other hand, was a relatively recent arrival at the court, and at this period was predominantly Christian in subject.

The background of most members of the *tasvir khana*, Hindus and Muslims from the Indian subcontinent, is not mentioned, but their training would have drawn on entirely different conceptual and representational traditions from those of the West, or of Iran.[4] Most of them probably entered royal service after the defeat of their former patrons, rulers who usually became part of the Mughal administration; others were perhaps drawn to the court by the lure of an emperor

Opposite: Detail from 'Babur laying out the Garden of Fidelity' (pl. 6).

passionately interested in the arts. Occasionally, Akbar himself discovered them, as in the case of Daswant, whom he saw drawing pictures on walls.[5]

Iranian art owed its dominance to the cultural origins of the Mughals. The founder of the dynasty was Babur, a prince from Central Asia who traced his descent from Timur on one side and Genghis Khan on the other. Babur defeated the ruler of Delhi in 1526 and established a small, fragile kingdom in the land the Mughals called Hindustan. By the end of Akbar's reign, the Mughals' vast empire covered the northern half of the subcontinent, including present-day Afghanistan, Pakistan and Bangladesh. Persian was the language of the cultivated élite of Babur's world, and of the Mughal empire, and became the language of the administration. Artists, craftsmen, poets and calligraphers were thus able to move easily within the Persian linguistic orbit that included Iran, Central Asia and Hindustan.

The *tasvir khana* had been established under the supervision of two Iranian master artists by Akbar's father, Humayun. Mir Sayyid 'Ali and Khwaja 'Abd us-Samad had been trained in Shah Tahmasp's library, and therefore in Behzad's direct line, and taught Akbar painting in his boyhood. Both produced single studies of individuals (including, for example, Mir Sayyid 'Ali's self-portrait and a study of his father) and their more crowded compositions include small, lively vignettes of people who are peripheral to the main subject, which sometimes border on caricature.[6] Mir Sayyid 'Ali was also a renowned poet, and 'Abd us-Samad a great calligrapher, and they must have nurtured Akbar's love of beautifully illuminated and illustrated manuscripts which he commissioned and collected. This was all the more unusual because he was reportedly unable to read, though this did not imply lack of cultivation – the books in his vast library were read to him every day.

Under the guidance of these supervisors, Akbar's Hindustani artists worked within the conventions of Iranian book painting. Their subjects were usually depicted from a raised viewpoint, their compositions arranged in flat planes with limited recession and inhabited by figures who are often stereotypes, conveying emotion through the standard gestures of Timurid and Safavid painting rather than facial expression. These men – painting was an almost exclusively male occupation – added their own wonderfully naturalistic animals and luxurious vegetation, as well as details from contemporary life, including architecture and court furnishings.

Mir Sayyid 'Ali and 'Abd us-Samad head a list of fifteen leading artists provided in the *A'in-i Akbari*, all but one seemingly from the subcontinent. Former pupils of 'Abd us-Samad were now regarded as 'masters' (*ostadan*), and in all, over 100 royal painters were said to have attained this high status. Basawan, fourth on the list, was particularly talented at 'depicting faces' (*chehra gusha'i*) and 'making likenesses' (*manand negari*).[7]

The comparison with the work of the 'Farangis' is more unexpected. A few European echoes are found in Mir Sayyid 'Ali's early work, but the strange new art that arrived in quantity in the empire from 1580 would transform Mughal

Fig. 1 'Akbar walking from Agra to Ajmer after the birth of his son Salim'; illustration to the *Akbarnama*. Mughal, c.1590–1595. Composition by Basawan, painting by Nand Gwaliari. Opaque watercolour and gold on paper. Victoria and Albert Museum, London, no. IS 2-1896 77/117.

painting, especially portraiture.[8] Akbar met Europeans in 1573 during his military campaigns in Gujarat, encountering men from the Portuguese settlement of Goa at the port of Surat after he had captured it. Intrigued by the faraway world they represented and by the 'curiosities and rarities of skilled craftsmen' they showed him, he sent a deputation to Goa in 1575 to discover more.[9] This, and Akbar's eagerness to learn about Christianity from followers of the faith rather than from books, led to the first Jesuit mission from Goa to the Mughal court in 1580. The Fathers arrived at the new city of Fatehpur Sikri and presented the Emperor with the illustrated volumes of Christopher Plantin's Polyglot Bible.[10] They remained for three years, meeting Akbar regularly and taking part in the evening religious debates he initiated (see pl. 3). The paintings they installed in the small chapel that Akbar allowed them to establish caused a sensation: the

Fig. 2 'Ambassadors pay homage to Akbar'; illustration to the *Akbarnama*. Mughal, *c.*1590–1595. Composition by Miskin, painting by Sarwan and eight portraits by Madhav. Opaque watercolour and gold on paper. Victoria and Albert Museum, London, no. IS 2-1896 114/117.

Emperor brought his family to see them and sent his artists to copy them, while crowds flocked to see the extraordinarily life-like images.[11]

By the end of the sixteenth century, the range of European art seen at court had increased enormously: a second Jesuit mission in 1591 failed to bring much of interest and also failed to make an impression, but a third mission from Goa in 1595 brought a new supply of illustrated books and religious paintings that were enthusiastically received.[12] The Fathers also brought a Portuguese painter who was commandeered by the Crown Prince, Salim (later to become emperor with the title Jahangir), and worked alongside his artists.

Salim's artists now copied Christian prints by means of tracings, using the images in their entirety or inserting details into new compositions. They produced original creations in a Europeanising style, or used the tracing to produce figures

Fig. 3 'Zain Khan Koka, Akbar's foster brother'. Mughal, *c.*1590–1600. Opaque watercolour and gold on paper. Victoria and Albert Museum, London, no. IS 91-1965.

whose source was then disguised by the addition of Indian garb or an Indian setting (pl. 4).[13] European conventions began to permeate Mughal painting: fabrics appeared to billow, the human form seemed to have three-dimensional weight, and compositions suggested depth and recession, though they never conformed to Renaissance scientific principles of perspective. Crucially, the way in which faces were depicted began to change. Abu'l Fazl commented:

> 'Painters, especially those of Europe [*farang*], succeed in drawing figures expressive of the conceptions which the artist has of any of the mental states, so much so, that people may mistake a picture for a reality.'[14]

The transition towards more naturalistic portraiture may be seen in the illustrations to the *Akbarnama* now in the Victoria and Albert Museum, done between about 1590 and 1595.[15] The incomplete text of the manuscript covers the years 1560, when Akbar was sixteen, to mid-1577, when he was thirty-three, though his ageing is reflected only haphazardly in his many appearances in the pictures. The Emperor is identifiable by his prominent position in the composition, rather than from any conspicuously distinctive features, or by means of emblems of royalty such as the parasol (*chatr*) or sunshade (*aftabgir*) held over his head, his turban jewels, or the royal weapons wrapped in red cloth (the colour of royalty) and held by servants (fig. 1). The faces of most of his companions in these illustrations, including the women of the court who occasionally appear, are barely differentiated, except for his former wet-nurse, Maham Anaga, who wielded considerable power in these years.

Two artists usually produced each picture and are identified by contemporary marginal inscriptions: most of them are named in Abu'l Fazl's list. One drew the composition (*tarh*), and the other did the painting (the 'work', *amal*). Some inscriptions mention a third element: the *nami chehreh* (sometimes written *chehreh nami*), or portraits, usually done by the composition's designer who was often Basawan, supporting Abu'l Fazl's reference to his specialist talents. Uniquely, a scene depicting Akbar greeting Rajput rulers and other nobles contains eight portraits (*chehreh nami hasht surat*), all named in the marginal note (fig. 2).[16] The composition is based on an engraving in Father Geronimo Nadal's illustrations of the life of Christ, *Evangelicae historicae imagines*, published two years before the third mission arrived at court and thus demonstrating the alacrity with which Akbar's artists absorbed new models.[17]

However, manuscript portraits such as these lack the immediacy of the single studies produced for Akbar at the very end of his reign, and to a greater extent for Jahangir. The artist who depicted Akbar's foster brother Zain Khan, who died in 1601, shows the determined jut of his chin, his distinctive snub nose and his serious expression, all suggesting that this is a true likeness (fig. 3, pl. 10).[18]

Several conventions would persist in formal court portraiture for decades. Individuals were typically shown with their faces in profile, feet pointing to the side and shoulders turned towards the viewer, against a plain, light green ground (pl. 9). The position of the head might be slightly modified and the figure could be seated or standing, but the precise tilt of the shoulders

Fig. 4 'Jahangir receiving Prince Parviz in a garden'. Mughal, *c.*1610–1615. Opaque watercolour and gold on paper. Victoria and Albert Museum, London, no. IM 9-1925.

and upper body, borrowed from earlier Hindu and Jain paintings, changed surprisingly infrequently. This provides a rare instance of the continuation of a long-established Indian tradition into seventeenth-century court painting.[19]

Mughal portraiture as a distinct genre evolved considerably during Jahangir's reign, continually enriched by the adoption of European conventions and motifs, though given new meaning from their different context. Religious imagery continued to be incorporated into Mughal painting, notably in the margins of Jahangir's sumptuous albums of his finest paintings and specimens of calligraphy by famous past and present masters. The artists, many inherited from Akbar but reduced in number, began to emerge from their anonymity, producing in the borders of these same albums and on the colophon pages of manuscripts signed portraits of themselves and their companions at work.[20] Painted on a minute scale with great sensitivity, they suggest profound intimacy between the artists (and calligraphers) of the royal scriptorium, several of whom were related. The freedom of the depiction contrasts sharply with the restrictive conventions of formal portraits, and would extend to paintings of those outside

Fig. 5 'Shah Jahan on a piebald steed'. Mughal, *c.*1630, by Payag. Opaque watercolour and gold on paper. Metropolitan Museum of Art, New York, 55.121.10.21v.

the court structure such as musicians and holy men which come as close as Mughal painting ever did to western-style realism. Remarkable studies of the human condition were also made, including wizened old age and extreme illness (see pl. 17).

Under Jahangir, the scale of painting became slightly larger and details of physiognomy, dress and jewels were rendered with extraordinary care. The increasingly naturalistic depiction of faces was accompanied by marked artificiality in the placement of figures in court assemblies: though likenesses were sometimes taken on the spot by royal artists, with presumably more freedom in their execution, most court figures are known from their formal portraits.[21] These seem to have provided the independent prototype from which a tracing would be made when individuals were included in court scenes, whether or not they had been present on the occasion depicted. Figures of perceptibly different size overlap each other in serried rows (fig. 4), and a head may pivot from its original position if the person is shown looking upwards at the Emperor on a balcony. A new head might even replace that of an earlier historical figure, the accompanying signature of the later artist demonstrating that portraiture remained a specialist skill.

Jahangir's artists sometimes borrowed particular motifs from Christian art to express Iranian concepts of kingship that were shared by the Mughals. These conventions would continue far beyond his reign. For example, the halo in a form borrowed from the Christian paintings arriving at court expresses the notion of *farr-i izadi*, or 'Divine Glory' attributed to Iranian kings from ancient times and deemed to be a light emanating from God. Those who possessed it were to rule and to be obeyed.[22] It would become a cliché in the representation of kings in all regions under Mughal artistic influence, whether Hindu Rajasthan or the Sikh courts of the Punjab.

In 1614 the Jesuits left the court and the sources of European art entering the Mughal empire changed.[23] Secular paintings brought by western traders and emissaries provided fresh models that appealed to Jahangir's perpetual desire for novelty. These were incorporated into court portraiture as swiftly as the earlier religious themes and motifs. Sir Thomas Roe, the ambassador sent by King James I from London to try and secure trading privileges for the East India Company, was received by the Emperor at Ajmer in 1616. His presents were meagre by the standards of the fabulously wealthy Mughal court, but the paintings he brought of his king, queen and other English notables met with some success. They were displayed behind Jahangir when he appeared in royal audience, and may be seen in minuscule scale in the paintings of these occasions.[24]

When Jahangir ordered Roe to produce a member of his entourage whom he had heard was an artist, the ambassador was appalled: Robert Hughes was an East India factor, or merchant, whose amateurish talents might enrage the royal connoisseur at a crucial stage in the trade negotiations.[25] To distract Jahangir, Roe took one of his own miniatures, the portrait of an unknown woman (probably the wife Roe had secretly married), by the great English miniaturist

Isaac Oliver. It had the desired effect: Jahangir overlooked Hughes' efforts and summoned his own 'cheefe paynter' to make copies of the miniature. Some weeks later, Roe was shown five identical versions and allowed to retrieve the original. As a result of Mughal exposure to this and other small 'limned' English portraits, including at least two of King James I which were also copied, a new format appeared in Mughal art. Bust portraits, still usually seen in profile, were now made, often with a painted oval or rectangular frame.[26]

Little innovation in portraiture took place under Shah Jahan, whose main passions were architecture and gemmology rather than painting, though he regularly examined his artists' work.[27] Most surviving formal portraits depict Shah Jahan, his sons and the leading men of the court. His closest female companions, notably his wife Mumtaz Mahal, who died in childbirth in 1631 and would be interred in the Taj Mahal, and his daughter Jahanara Begum, are entirely absent in painting. When women are depicted, they tend to be types, their features as formulaically repetitive as their jewellery.

Artists continued to insert portraits copied from independent paintings in court assemblies, and to depict Shah Jahan in strict profile as they had Jahangir. Shah Jahan's countenance, like that of his father, changes only gradually in these portraits, though his hair and beard whitened dramatically after the death of Mumtaz Mahal in 1631 (pl. 27).[28] His face is an expressionless image of royalty, and several artists probably used the same models as outlines for his features, as suggested by the identical turban jewels in portraits signed by different artists. They painted in the details, giving each portrait slightly different characteristics.

Many paintings of Shah Jahan depict him standing on a globe in order to emphasise the meaning of his title, 'King of the World'; Jahangir, whose title has a similar meaning, was often depicted in the same way. A stock literary conceit, found in a verse on a different painting, is implicit in a portrait of Shah Jahan on a piebald stallion (fig. 5), which proclaims:

There is no King of Kings other than him under heaven
He is the royal rider on the piebald steed of the world.[29]

Portraiture and literature are inextricably bound together, and underline the fact that representational art, however enthusiastically patronised and admired, would always be of secondary importance. When Abu'l Fazl described the *tasvir khana*, he asserted the primacy of the word, provided a history of writing and calligraphy in the Islamic world, and only then turned to *tasvir*. Although he would say that the process of painting could, for a 'well regulated mind', be a source of wisdom, 'Pictures are much inferior to the written word, inasmuch as the letter may embody the wisdom of bygone ages, and become a means to intellectual progress.'[30]

1 Naim, in Chandra, *The Tuti-Nama*, p. 182.

2 The standard English translation of the Persian text divides *A'in* 34 into two sections, headed 'The Arts of Writing and Painting' and 'The Art of Painting' respectively (Blochmann and Philpott, *The A'in-i Akbari*, vol. I, pp. 102, 113). The Persian text edited by Blochmann has only the heading *Tasvir-khana* (see Naim in Chandra, *Tuti-Nama*, pp. 182–4 for Professor Naim's partial, but much more accurate, English translation). The Blochmann (or Philpott) translation adds that the Emperor himself 'sat for his likeness'; this is not in the Persian edition, and consequently is not in Naim's translation (p. 184).

3 Naim, in Chandra, op. cit., p. 183.

4 See, for example, Goswamy, 'Essence and Appearance' on how characteristic or cognitive attributes, rather than attempts to show the individual's actual features, governed traditional portraiture in India.

5 Blochmann and Phillott, *The A'in-i Akbari*, vol. I, p. 114. See Das, 'Daswant', in Das, *Mughal Masters*, pp. 52–67 for further information on the artist.

6 Much has been written on all three artists. For Mir Sayyed 'Ali's portraits, see Melikian-Chirvani, 'Mir Sayyed 'Ali', in Das, *Mughal Masters*, pp. 34–40; for 'Abd us-Samad see for example Okada, *Imperial Mughal Painters*, pp. 62–8.

7 Abu'l Fazl 'Allami, *A'in-i Akbari* (Persian text), p. 117.

8 Faint European influence may be seen in the curling ends of scrolls of white paper in Mir Sayyid 'Ali's portraits, probably done when he was in Mughal service. See Melikian-Chirvani, op. cit., pp. 38–9.

9 Bailey, *Art on the Jesuit Missions*, p. 114.

10 The *Biblia Regia*, published in Antwerp between 1569 and 1572.

11 For the excitement caused by these paintings, see Bailey, op. cit., pp. 116, 126.

12 For the earliest, pioneering survey of the arrival of Christian imagery and its absorption into, and transformation of, Mughal painting, see Maclagan, *The Jesuits and the Great Mogul*, especially Chapter XV, 'The Missions and Mughal Painting'. For more recent additions to this study, see Bailey, *Art on the Jesuit Missions*, and the bibliography including relevant articles and monographs by leading Jesuit scholars such as Father Correa-Afonso.

13 For a groundbreaking article on the subject, see Beach, 'The Gulshan Album and its European Sources', analysing identifications made by Nancy Cabot of western prints copied or adapted by Mughal artists. For the influence of European art on a particular artist in Akbar's service, Kesu Das, see Okada, *Imperial Mughal Painters*, 'The Discovery and Impact of Western Art', pp. 95–103.

14 Blochmann and Philpott, *The A'in-i Akbari*, vol. I, pp. 102–3.

15 Stronge, *Painting for the Mughal Emperor*, ch. 2.

16 The painting was wrongly numbered 114 in the total sequence of 117 illustrated or illuminated folios when the manuscript was acquired by the museum in 1896. For the correct sequence based on the original numbers, see Stronge, *Painting for the Mughal Emperor*, pp. 174–5. John Seyller first noticed a date on a painting (numbered 84 by the museum) which corresponds to December 1595–January 1596, which is presumably when work on this draft of the manuscript was abruptly terminated. See John Seyller, 'Codicological Aspects of the Victoria and Albert Museum *Akbarnama* and Their Historical Implications', p. 383, fig. 6.

17 First identified by Friederike Weis in 'The Impact of Nadal's *Evangelicae Historiae Imagines*'.

18 Stronge, *Painting for the Mughal Emperor*, p. 101. A second version, published by Amina Okada in *Imperial Painters* (fig. 22, p. 23) is in the Musée Guimet. Okada reproduces other portraits from the reign of Akbar in similar style, pp. 22–3.

19 As seen, for instance, in the portrayal of Jain monks in the twelfth-century painted wooden book cover (see p. 21, fig. 4).

20 The portraits by Daulat in the margins of the Gulshan album, first published by Yedda Godard, are particularly beautiful.

21 Artists occasionally included themselves in their scenes, painting portraits of leading characters: see for example Nanha's painting of *c.*1618 showing the submission of the Rana of Mewar done as an illustration for the memoirs of Jahangir, the *Jahangirnama*. The artist has included himself, bent over a board, sketching the face of the Rana. The painting and detail of Nanha are illustrated in Stronge, *Painting for the Mughal Emperor*, pls. 90, 91, pp. 124, 125.

22 See Soudavar, *Art of the Persian Courts*, pp. 410–16 for a discussion of the concept, in which he includes a portrait of Shah Jahan with the aura signifying the Divine Glory. The nimbus was a standard symbol in earlier Indian art, but its form in Jahangir's period may be linked specifically with European art on the one hand, as many commentators have noted, and the defining Iranian cultural influence on his court on the other.

23 Bailey, *The Jesuits and the Grand Mogul*.

24 For example, in a Jahangir durbar scene included in the Padshahnama (Beach and Koch, *King of the World*, cat. 39, illustrated p. 97).

25 See Stronge, 'Far from the Arte of Painting', in Crill et al, *Studies in Mughal Art*, pp. 129–31.

26 For examples of miniatures in these very small formats, see the portraits of Jahangir and his brother-in-law Asaf Khan in the St Petersburg Album; a Mughal copy of an English miniature in Habsburg, pl. 20, f.58r. The oval frames must have been copied by the royal goldsmiths: a later, full-length portrait of Shah Jahan's son Dara Shokuh is set within a frame painted to look like gold set with jewels.

27 See Koch in Beach and Koch, *King of the World*, pp. 131–2.

28 See the excellent details illustrated in Wright, *Muraqqa'*, pp. 168–9 for Jahangir, and pp. 170–1 for Shah Jahan.

29 Translated by Melikian-Chirvani in 'The Jewelled Objects of Hindustan', p. 18.

30 Blochmann and Philpott, *The A'in-i Akbari*, vol. I, p. 103.

Portraiture at the Rajput Courts

ROSEMARY CRILL

The idea of creating realistic portraits of living people was new to the Hindu courts of Rajasthan and the Pahari ('hill') region when they first came into contact with Mughal culture in the late sixteenth century. Traditional Hindu concepts of portraiture, such as they were, were more concerned with the attributes of kingship and the strength of a ruler's authority than with an individual's personality or outward appearance. When human figures were used in illustrations to Hindu texts they were stereotypical images, whether of kings and queens or demons and gods. The actual living rulers who presided over these courts saw themselves as inheritors of mythic kingships, in many cases descending directly from the sun or the moon, so to dwell on the physical traits of one short-lived individual seemed trifling and irrelevant. Their exploits were traditionally recounted by court bards rather than painters.

Like other aspects of Rajput painting, this changed radically when the Rajput kingdoms were conquered by the Mughals. Starting with Amber, captured by the Emperor Akbar in 1562, the Rajput states gradually came under Mughal rule, with the ancient kingdom of Mewar the last of the Rajasthani kingdoms to fall in 1615. Many of the Rajput rulers were given high military rank in the Mughal army, and further ties were forged through the Mughal policy of inter-marriage with the Rajput royal houses. The Rajasthani rajas thus started to attend the Mughal court and to assimilate many aspects of court culture, which they then took back with them to their own palaces. From palace architecture to dress and miniature painting, Mughal ideas and aesthetics blended with local styles to form a new, 'post-Mughal' Rajput culture.

The situation was somewhat different in the Pahari region which, unlike Rajasthan, was geographically remote from the centres of Mughal power and was less strategically important to the Mughals. Nevertheless, the Hindu Pahari

Opposite: Detail from 'Raja Raj Singh of Chamba with his children and attendants' (pl. 48).

rulers had also accepted Mughal rule by the early seventeenth century, and likewise incorporated aspects of Mughal painting – including portraiture – into their local styles.

The realistic depiction of courtiers and courtly life was already taking place at the Mughal court by the end of the sixteenth century, and high-ranking Rajputs were themselves depicted in many of these paintings. These ranged from the purely documentary portraits made for Akbar (pl. 9) to similar but more detailed single portraits of nobles painted for Jahangir and Shah Jahan (pl. 16) or the superbly rendered *darbar* scenes of Shah Jahan's *Padshahnama* (pl. 23), in which we frequently recognise Rajput nobles. When these rajas returned to their own courts, they had a chance to be shown not as an 'attendant lord' but as the dominant figure in a grand portrait – either in an equestrian or *jharokha* (window) portrait, or in a group with their sons and closest nobles. These group portraits were based closely on Mughal paradigms (fig. 1) but with one important difference – where the grand Mughal *darbars* depicted in works like the *Padshahnama* show the ruler in an obviously elevated position above his courtiers (pl. 23), the Rajput ethos held that the ruler was simply the first among equals. This is reflected in the physical spacing of the ruler and his court: they are frequently shown seated in a tight circle, with the ruler in the centre surrounded by ranks of nobles (fig. 1). This was not a casual gathering of friends, however – there was a strict protocol as to which clans or nobles had the right to sit on which side of the ruler, and how far from him, but the seating always reflected the equality of status (however theoretical) that pertained in the group, even in a tiny *thikana* (fiefdom) like that of Ghanerao (pl. 36).

Some of the Rajput schools in both Rajasthan and the Pahari region had already started incorporating portraiture into their developing local styles quite early in the seventeenth century. In Bundi, for example, Rao Chhattar Sal (r. 1631–1659) and his son Bhao Singh (r. 1659–1682) had portraits painted in Mughal style.[1] In the sister state of Kota, both Jagat Singh (r. 1658–1683) and Ram Singh I (r. 1696–1707) had their portraits painted by a court artist who may well have been engaged while Jagat Singh was on military service for the Mughals in the Deccan, leading to a lush combination of Rajasthani and Deccani styles.[2] At the same time, in the hill states of Mandi and Bilaspur, portraits that emulated the Mughal style were being produced for local rulers.[3] Some of the earliest and most striking of the portraits done in recognisably local styles for the Pahari Rajput rulers are those done in the late seventeenth century in the small hill states of Basohli, Mankot and Chamba (pl. 43).[4] These brilliantly coloured images show the ruler bursting with strength and vigour, set against strongly coloured backgrounds, sometimes overlapping the border of the painting as if to emphasise his uncontainable strength and presence. In Rajasthan, one of the most innovative of early patrons of portraits was Maharana Amar Singh II of Mewar (r. 1698–1710) whose unnamed court artist or artists painted remarkably inventive and insightful portraits of him, which suggested the character and individuality of the man rather than emphasising the symbolic aspects of his rulership (pl. 35).[5]

Local styles of painting evolved throughout Rajasthan and the Pahari region in the eighteenth century, both at major centres of painting such as Mewar (pls. 35, 41) and Kishangarh (pl. 39, fig. 4) and also in smaller princely domains in both regions (pls. 36, 38, 44, 45). Minor nobles at these small courts commissioned portraits in conscious emulation of their local rajas, and adopted all the forms of portrait available to these more prestigious patrons, with group and equestrian portraits finding particular favour (pls. 36, 38). The classic Mughal *jharokha* portrait, which shows the subject as if appearing at a balcony or window (pl. 27) was also used by lesser rulers, and was even appropriated by a Rajasthani merchant in a rare example of a non-courtly commission (pl. 42).

In the Pahari region the coolly realistic style favoured by the Mughal artists working for Muhammad Shah (r. 1719–1748) was strongly influential in the second half of the eighteenth century, especially on the work of the artist Nainsukh and his descendants (pl. 46). We do not know how Nainsukh came into contact with this type of painting – whether he travelled to study with actual artists in the

Fig. 1 'Raja Jaswant Singh of Jodhpur with his nobles'. Jodhpur, *c.*1644–1645. Victoria and Albert Museum, London, no. IS 559-1952.

Fig. 2 'Balwant Singh of Jasrota having his beard trimmed'. Jasrota, by Nainsukh, *c.*1755–1760. Chhatraptai Shivaji Maharaja Vastu Sangrahalaya (formerly Prince of Wales Museum), Mumbai, no. 33.110.

plains or even in Delhi, or simply saw examples of their work which may have found their way to the hills. Nainsukh produced much of his finest work under the patronage of Raja Balwant Singh of the small state of Jasrota (fig. 2, pl. 46) and other local nobles. Nainsukh was one of the few artists of any Rajput court to apply his extraordinary skills of both perception and execution to portraits of ordinary people as well as rulers: his study of the holy man Raghunath Pathania (pl. 47) is as beautiful and insightful a portrait as those of his princely patron. Nainsukh was also one of the few Indian artists of whom we have a self-portrait, seen in the painting in which he discusses a painting with Raja Balwant Singh (pl. 46).

Balwant Singh in the hills and Amar Singh in Rajasthan were unusual at that time in that portraits were produced showing them in informal situations

Fig. 3 'Raja Siddh Sen of Mandi as a manifestation of Shiva'. Mandi, *c.*1725. Museum of Fine Arts, Boston, no. 2001.137.

rather than only in conventional courtly settings. Exceptionally intimate are the portraits by Nainsukh of Balwant Singh having his beard trimmed (fig. 2), writing a letter, or strolling alone on the battlements of his palace.[6] Artists working for other remarkable patrons also attempted to reveal something of their subjects' personality as well as their outward appearance. Notable among these are the formidable Raja Siddh Sen of Mandi (pl. 44)[7] and his eccentric grandson Shamsher Sen in the hills (pl. 45), and Maharana Bhim Singh of Mewar in Rajasthan, whose court artist Chokha shows him tying his turban or being led to bed after over-indulging in drink as well as in more formal situations.[8] Some rulers liked to make allusions through their portraits to their supposed special relationship with certain Hindu deities: Maharaja Sawant Singh of Kishangarh

(r. 1748–1764) commissioned many stylised images of himself and his mistress Bani Thani in which the lovers were visualised as Radha and Krishna rather than merely as themselves,[9] and his father Raj Singh (r. 1706–1748) had also been portrayed in scenes alluding to Krishna and his female admirers, the *gopis*.[10] An even more overt reference to the god-like qualities of the ruler is seen in images of Siddh Sen of Mandi in which he is portrayed as a multi-armed form of the god Shiva rather than as a mere human (fig. 3).[11]

Other patrons preferred to stress their temporal and physical power in portraits rather than make any spiritual allusions: the energetic Maharao Ram Singh II of Kota in Rajasthan (r. 1827–1866) commissioned large numbers of images of himself enjoying high-profile activities such as processions and dance performances (sometimes at the same time),[12] and the successive Maharanas of Mewar developed a taste for being depicted in courtly activities in their sumptuous palaces. Large paintings done for Maharana Jagat Singh and Sangram Singh, for example, show the rulers almost overwhelmed by the architecture of their palaces as they watch the crocodiles in the Pichhola lake or listen to music.[13]

While rulers and noblemen were naturally the main subjects of portraits in both Rajasthan and the Hills, artists in both regions also produced studies of 'ordinary' people. Occasionally these are finished portraits in their own right

Fig. 4 Double portrait of Anand Singh and Joshi Shyama, Kishangarh, *c.*1760. Private Collection, London.

(as in pl. 47) or they may form part of a larger court scene as musicians, dancers or attendants, as was often the case in Nainsukh's work (pl. 46). Other studies of unnamed men and women survive as unfinished sketches that seem to have been done simply as exercises in drawing, perhaps to be used in later compositions. It is in these contexts – as attendants in a larger scene, or as artists' sketches – that most of the surviving true portraits of women in particular have come down to us. Court paintings of women are very rarely actual portraits of real people rather than merely stylised images of female beauty, as the rules of seclusion in both Muslim and Hindu society prevented artists from seeing, much less drawing or painting, the women of a Rajput court. For this reason, the female portraits that we have are almost entirely of women of lower social status (pl. 40 and fig. 3, p. 15), and where they survive as sketches they are likely to be unsparing in their truth and lack of flattery.

Some portrait sketches from both Rajasthan and the Hills approach caricature or satire in their treatment. A genre of quasi-portraits of musicians, buffoons and dubious holy men grew up at several centres in both Rajasthan and the Pahari region,[14] while in Kishangarh more recognisable (and sometimes even named) people were used as the basis for darkly comic scenes (like fig. 4) whose meaning, if they had any, has yet to be fully deciphered.[15]

1 See Beach, *Rajput Painting at Bundi and Kota*, pls. 20, 28.

2 See Welch, *India*, cat. nos. 241 and 242 for portraits of Jagat Singh and Ram Singh by this artist (dubbed 'The Kota Master' by Welch).

3 For Mughal-influenced portraiture in the Hill states of Mandi and Bilaspur, see Glynn, 'Early painting in Mandi'; 'Further evidence for early painting in Mandi'; and 'Mughalized portraits of Bilaspur royalty in the second half of the seventeenth century'.

4 See for example Goswamy and Fischer, *Pahari Masters*, pls. 38 and 39, for two early portraits from Mankot, and Topsfield, *In the Realm of Gods and Kings*, pl. 137 for an unusual portrait of Sital Dev, the blind raja of Mankot (*c*.1690).

5 For more portraits of Amar Singh II, see Topsfield, *Court Painting at Udaipur*, figs. 86–113.

6 For these and other portraits of Balwant Singh, see Goswamy, *Nainsukh of Guler*, pls. 39–80.

7 See also Goswamy and Fischer, *Pahari Masters*, pl. 76.

8 For portraits of Maharana Bhim Singh, see Topsfield, *Court Painting at Udaipur*, especially pls. 198–200, and Jackson and Jaffer, *Maharaja*, pl. 70.

9 See Mathur, *Marvels of Kishangarh Paintings*, pls. 3–6, 10, 16, 17 and 23 for images of Sawant Singh and Bani Thani as Radha and Krishna.

10 See Welch, *India*, cat. no. 249.

11 For another version of Siddh Sen as Shiva, see Goswamy, 'Essence and Appearance', fig. 6.

12 See Welch, *Gods, Kings and Tigers*, pls. 63, 66; Desai, *Life at Court*, pp. 116–21.

13 See for example Topsfield, *Court Painting*, figs. 137–8.

14 See for example a group of drunken musicians from Chamba, *c*.1730 in Welch, *Indian Drawings and Painted Sketches*, pl. 73; three buffoons, also from Chamba, *c*.1730 in Welch., *A Flower from Every Meadow*, pl. 39; and a Rajasthani group of opium-smoking ascetics in Ehnbom, *Indian Miniatures*, pl. 57.

15 See Haidar, 'Satire and Humour in Kishangarh Painting', in Topsfield, *Court Painting in Rajasthan*, pp. 78–91.

Indian Portraiture in the British Period

J.P. LOSTY

From the middle of the eighteenth century, most styles of Indian portraiture were increasingly affected by European influence. This is discernible through changes in Indian artists' approaches to composition, modelling, perspective and technique, all of which can be seen in the works discussed here. Such direct western influence, while strongly evident in some parts of India, had far less effect in Rajasthan, the Punjab and the south, where Indian artists pursued their traditional styles largely untouched.

Artists during the reign of Muhammad Shah (1719–1748) had widened the parameters of Mughal portraiture through their use of informal settings and of more varied landscape backgrounds. They had also begun to experiment again with the rendition of light, space and volume. As the Mughal empire gradually collapsed during the eighteenth century, the three great provinces of Bengal in the east, Avadh (or Oudh) in central north India and Hyderabad in the Deccan effectively became independent under hereditary rulers. The artistic concerns of the Delhi studio were transferred by means of migrating artists to the courts of Bengal and Avadh.

In Bengal, Nawab Alivardi Khan (1740–1755) patronised a court studio at Murshidabad that at its peak in the period 1750–1770 developed Mughal formal concerns in a dry, cool style, with the figures sometimes set against the extravagance of a gold ground (fig. 1). No document yet links this school and that of Delhi, but its beginning coincides with the exodus of artists from the capital in the political chaos of the 1750s. In Avadh, with its alternating capitals of Faizabad and Lucknow under Nawab Shuja'al-Daula (1753–1775), there developed a richer, more eclectic style from 1760 to 1790, founded by artists known to have worked in Delhi such as Mihr Chand, Mir Kalan Khan and Nidhamal. Concerns with naturalism are evident in the early productions of those schools, seen

Opposite: Detail from 'A group of courtesans' (pl. 56).

Fig. 1 'Nawab Alivardi Khan with nephews and grandson on a terrace', *c.*1755–1756. Victoria and Albert Museum, London, no. D 1201-1903.

both in the careful placing of the subjects within their setting and sometimes even in the fall of light.[1] Standing portrait subjects, isolated like natural history specimens against a plain background, are superseded by being set, often seated, before an architectural or fully developed landscape background (fig. 2).

During the eighteenth century, the European East India Companies were expanding their territories and their political influence inland from the coastal ports. Having consolidated its victory over the French Company in a series of wars, the English Company was able to wrest political control over Bengal from its Nawab in 1765, after a brief war with the Mughal Emperor Shah 'Alam (1759–1806) and his allies. The Company required not only merchants but also administrators of its new territories, as well as an army to defend them. Many cultured Britons in the Company's service took advantage of the unparalleled opportunities they were given to investigate Indian culture and to collect and commission manuscripts and paintings. The image that William Fullerton,

Fig. 2 'A Turkish *mufti*', *c.*1775. Signed by Bahadur Singh. The British Library, J.1, 20.

Fig. 3 'Nawab Shuja' al-Daula with his ten sons', *c.*1775–1780. Signed by Mihr Chand. Museum für Islamisches Kunst, Berlin, I 4596, f.18.

John Wombwell and Lady Impey (pls. 49–51) wished to convey through their iconography powerfully demonstrates that they saw themselves as the inheritors of the old *nawabi* tradition as seen in fig. 1.

To Calcutta, and to a lesser extent Madras and Bombay, came a series of British professional portrait painters whose work greatly influenced that of Indian artists.[2] They came to seek their fortunes in India, being either unable to make a living at home or, like Johan Zoffany (1733–1810), temporarily out of fashion. There were too many such portrait painters in Calcutta for Bengal artists to be able to compete and the latter were patronised by the British chiefly for 'history paintings' of festivals and for Indian types and especially for natural history drawings. Bengal artists generally, however, abandoned the stiff silhouettes of earlier styles in their rendition of the human figure in favour of increasing naturalism and more expressive modelling.

Having painted the grandees of the three Presidency towns, British artists frequently moved up country to try their fortunes in the Indian capitals. Tilly Kettle (1735–1786) was the first such artist to visit Lucknow, where in 1772–1773 he painted a series of portraits of the Nawab Shuja' al-Daula (pl. 52). Indian artists, never loath to follow a successful formula, copied some of these large oil paintings in small at the behest of patrons such as the Frenchman Jean-Baptiste Gentil (1726–1799) and the Swiss Antoine Polier (1741–1795), both men being the holders of lucrative posts in the Nawab's service. Some of these versions were exact copies, but the best artists such as Mihr Chand varied some of the details more in accordance with their own agenda. Mihr Chand's version of Kettle's Shuja' al-Daula with his ten sons, for example (fig. 3), has the figures of the Nawab and his eldest son Asaf al-Daula standing beneath a Roman triumphal arch, a Renaissance conceit the artist would have learned from imported prints, as against a rather nondescript series of Mughal arches in the original.

For the brief period 1775–1800, Lucknow artists absorbed many of the lessons of European painting into their own styles. They became concerned with the fall of light and shadows and the more accurate rendition of volume and space. All these characteristics are found in a beautiful portrait done in about 1780 of John Wombwell (*c.*1755–1795), the Company's Paymaster to the Nawab's troops, that shows him seated in a chair with a servant behind him, the pair beautifully centred in the composition with light from the right (fig. 4). The two figures were taken out of that context and translated via *charbas* (drawings pricked for pouncing) to a slightly later portrait (pl. 50) showing Wombwell seated in Indian style with the same servant behind him, this time on a terrace by the bank of a river. Instead of being painted from the usual high viewpoint of terrace portraits, the viewpoint has been lowered so that the eye of the beholder is led naturally deep into the picture space.

An increasing tendency to experiment with different media is also apparent in this painting and in others from the period. Whereas the figures are painted in the traditional opaque mineral pigments, the landscape is painted with lighter washes more in the English watercolour tradition. Its recession towards

Fig. 4 'John Wombwell', *c.*1780. The Aga Khan Trust.

the horizon is suggested by the diminishing size of the trees, a trait picked up from Mihr Chand and his school (fig. 2), and by the changes in tonality in aerial perspective. Most of this has been learned from the 'picturesque' tradition of contemporary English painting, as has the whiteness of the sky above the horizon line.

The rich translucent effect of Indian miniature painting is achieved through laying down layer after burnished layer of pure mineral or earth pigments (see Appendix). As the nineteenth century progressed, only the Rajput schools and late Mughal painting in Delhi persevered with this time-consuming traditional technique. Few Indian artists were able to master the transparent watercolour techniques favoured by the British for landscape. Instead, the pigments were mixed with a filler such as Chinese white forming a true gouache that achieved a similar density to the original technique.

In Lucknow as in Bengal, artists generally moved from stiff silhouettes to more naturalistic renditions of the human figure. Patronage of traditional painting, however, declined after 1800 under a series of Nawabs increasingly influenced by European taste in architecture and painting. In 1814, Robert Home (1752–1834) moved from Calcutta to become the court artist to the Nawabs of Avadh and produced a series of portraits for Nawab Ghazi al-Din Haidar (1814–1827). Home was also an effective portrait miniaturist on ivory. This technique had been introduced into Lucknow in 1786 by Ozias Humphry (1742–1810) but does not seem to have been taken up by artists there until the next century, when versions of Home's portraits of the Nawab are also found by Lucknow artists painted on ivory. Lucknow artists continued to copy in small earlier paintings in oils which were hanging in the Nawab's palaces. Thus Tilly Kettle's original group portrait of 1772–1773 of Nawab Shuja' al-Daula and his ten sons in their winter costume was copied around 1820 (pl. 52). Somewhat coarser Lucknow artists' renditions of British dignitaries visiting the Nawabs in Lucknow may also be versions of larger compositions in oils by Home and his successors.[3]

As for Delhi itself, the Mughal capital remained a shadow of its former self, repeatedly plundered by marauders, whether Afghans, Marathas or Jats, until the Company's dominion was extended into Upper India under the expansionist rule of Marquis Wellesley (1798–1805). There is little evidence of artistic activity until the British took over Agra and Delhi in 1803 and the Emperor Shah 'Alam (r. 1759–1806) became a pensioner of the East India Company. Yet artists had certainly survived in the imperial city, since Mughal patronage began again almost immediately with three generations of the imperial family painted by the artists Khayrallah and Ghulam Murtaza Khan.[4] The first half of the century witnessed an astonishing efflorescence of artists in Delhi, who were patronised by both Indians and British.

In the portrait of Akbar II (1806–1837) and his sons by Ghulam Murtaza Khan (fl. 1805–1835), Mughal portraiture is leaning towards a more naturalistic representation learned from British portraits (fig. 5). For the first time no longer depicted in the hieratic full profile, the Emperor turns his concerned, almost

Fig. 5 'The Emperor Akbar II and his sons', *c.*1810. Signed by Ghulam Murtaza Khan. The British Library, Add.Or.342.

worried, gaze upon one of his younger sons, Mirza Jahangir (d. 1821), who sits in the favoured position on the Emperor's right beneath his father's royal *morchhal* (peacock-feather fan). The eldest son and natural heir, Mirza Abu'l Zafar Siraj al-Din (1775–1862) sits in the less favoured position on the left, while the attendant behind him has withdrawn his *morcchal*. Akbar spent the early part of his reign in tortuous negotiations with Calcutta to have Jahangir succeed him. Just as Jahangir's artists two centuries earlier had composed portraits reflecting imperial wishes rather than facts (for example pl. 15), so the artist here is using his composition to make a political point.[5] Despite suffering this indignity himself, Abu'l Zafar when he became the Emperor Bahadur Shah II (r. 1837–1858) inflicted it on his own eldest son (pl. 58).

Progressive portrait painting in Delhi continued for the first half of the nineteenth century in three broad streams. Ghulam Murtaza Khan and his possible son, and successor as imperial portrait painter, Ghulam 'Ali Khan (fl. 1817–1855), continued to paint in a late Mughal style subtly influenced by

European naturalism. Ghulam 'Ali Khan's earliest known portraits were done in 1827.[6] He painted what is thought of as the accession portrait of Bahadur Shah II in 1838 (pl. 58) in three versions. Its splendour in its suggestion of imperial power and grandeur is as much a propaganda tool as Ghulam Murtaza's portrait of his father. He worked also in the same basic late Mughal style but without the imperial glitter for local noblemen at Alwar and Jhajjar.[7] He or his studio worked also for James Skinner (see below) in his series of portraits of local nobles.[8]

A second strand in Delhi portraiture presents a completely different appearance from the late Mughal world. One of the highpoints of Delhi portraiture is the group of paintings produced in 1815–1819 for William Fraser (1784–1835) and his brother James Baillie Fraser (1783–1856). William was Assistant to the Resident at Delhi from 1805 to 1835 and acted as revenue assessor and magistrate in a large area surrounding the city. James visited his brother in Delhi in 1815–1816 and went with him into the Himalayan foothills while William was raising irregular battalions of mountaineers at the time of the Anglo-Nepal war. James became a competent draftsman. He commissioned his brother to have figures drawn for him by Delhi artists that he intended to incorporate into his own Himalayan views (although in the end this never happened). This soon expanded into a much larger project of obtaining drawings of groups and individuals from Delhi and its neighbourhood as records of local life.[9]

Many of the finest portrait studies in these Fraser albums were drawn from life when young men first came into camp to be enlisted in what became the Second Regiment of Skinner's Horse, founded in 1814 by the Frasers' great friend James Skinner (1778–1841). All these portraits are remarkable for the freedom of their poses and their subjects' forthright engagement with the viewer (pls. 53–5). Their loose, expressive brushwork was continued by lesser hands working for Skinner and others in attractive but stereotyped portraits of local castes and ascetics.[10]

If portraiture is the art of creating an individual likeness rather than a type, then certainly the Fraser artist brought that art to a level that was never again achieved in India. Midway between the late Mughal style and the work of the Fraser artists is a group portrait of courtesans or dancers seated at ease in their informal attire (pl. 56). The dancing girls in the Fraser albums stare at the viewer boldly and provocatively.[11] Here even the standing girl on the right, who is taken via a *charba* from the portrait of the dancing girl Pyare Jan in the Fraser albums, has lost her individuality and has withdrawn into the interiorising, self-absorbed world of Mughal portraiture.

A third strand in Delhi painting in the nineteenth century was more fully Europeanised than the other two and was reserved normally for British or highly anglicised Indian patrons. It is seen both in oil paintings and in portrait miniatures on ivory, in which Indian artists seem to have assimilated the work of British artists such as Ozias Humphry, Thomas Hickey (1741–1824), Robert Home and George Chinnery (1774–1852). Raja Jivan Ram was a much patronised artist based at Meerut and Delhi who practised in both media and whose known work spans the 1820s and 1830s. Jivan Ram was particularly popular with

Following pages: Detail from 'Raja Bhupat Pal of Basohli smoking a *huqqa*' (pl. 43).

British army officers, several portraits of whom are known, painted in a manner derived from Hickey or Chinnery.[12] The Mughal Emperor is known to have had his portrait painted by Jivan Ram in 1834, which alas has vanished, but a portrait of his successor Bahadur Shah II, as well as portraits in oils of Indian noblemen, are shown lining the walls in a portrait of Nawab Zulfiqar al-Din Haidar of 1851–1852.[13] Such work on ivory and in oils was also taken up by other artists. Many of them could move with ease between different media and different styles.

The works discussed so far were all done in the Gangetic valley from Bengal up to Delhi, and they demonstrate the changes that direct European influence brought to bear on late Mughal portraiture. In painting generally throughout this area, artists abandoned strict profile and silhouetted bodies in favour of more naturalistic renditions. This had been going on since the late eighteenth century and possibly had some effect on artists outside of this area, such as Uday Ram, the painter of Sahib Jan in Banda in 1809 (pl. 57), who, unless he came from Lucknow directly, must have been aware of general developments towards more naturalism in painting. This took a lot longer to reach the Punjab and the splendid Lahore court of the Sikhs, whose expanding empire had sucked in artists from the Pahari (hill) region. The resultant stiff style was suddenly loosened in the 1840s on exposure to direct foreign influence.[14] The result must count as one of the most stunning of all Indian portraits, that of Maharaja Gulab Singh (pl. 59), whose wily world-weariness is vividly caught by the artist.

1 Discussed in Losty, 'Towards a New Naturalism'.

2 For British artists in India, see Archer, *India and British Portraiture*.

3 Archer, *Company Drawings in the India Office Library*, pls. 54, 56.

4 Welch, op. cit., no. 41 (dated 1801, according to Leach, *Mughal and other Indian Paintings in the Chester Beatty Library*, p. 784); Falk and Archer, *Indian Miniatures in the India Office Library*, nos. 227i and ii, both *c.*1810.

5 For a fuller discussion, see Losty and Leach, *Mughal Paintings from the British Library*, no. 32.

6 Archer, *Company Drawings in the India Office Library*, no. 175.

7 Losty, *The Art of the Book in India*, no. 138; Losty, *The Place of Company Painting in Indian Art*, pp. 21–7, fig. 9.

8 Bayley, *India and the British*, no. 180; Losty, *The Art of the Book in India*, no. 136; Leach, op. cit., 7.1-33.

9 See Archer and Falk, *India Revealed*.

10 Losty, *The Art of the Book in India*, no. 135.

11 Archer and Falk, op. cit., pls. 15, 125–8.

12 For accounts of Jivan Ram, see Losty, *Of Far Off Lands and People*, pp. 17–20, and Bautze, *Interaction of Cultures*, no. 19.

13 Goswamy and Smith, *Domains of Wonder*, no. 118.

14 Documented in Archer, *Painting of the Sikhs*.

Plates

1. Princes of the House of Timur

Mughal, possibly by Mir Sayyid 'Ali and 'Abd us-Samad, *c.*1550–1555 with additions of *c.*1605 and 1628
Opaque watercolour and gold on cotton, 1085 x 1080 mm
Courtesy of the Trustees of the British Museum, 1913,0208,0.1 [1]

This famous and intriguing painting must have originally depicted a reception given by the Mughal Emperor Humayun (r. 1530–1556) for his closest followers, as indicated by the characteristic headgear worn by Humayun and his guests, the *Tāj-i 'Izzat*, a hallmark of special favour at his court. Sitting in a garden pavilion, Humayun now faces three of his descendants: Akbar, Jahangir and Shah Jahan, all added in the seventeenth century. His arms-bearers are in close attendance, while servants in Central Asian clothes (some of them also seventeenth-century additions) are busy preparing a banquet.

The style of much of the scenery, architecture and dress points to the work of some of the earliest Mughal masters: Humayun's portrait is more typical of Mir Sayyid 'Ali (see especially the delicate hands),[2] while the landscape suggests the work of Khwaja 'Abd al-Samad.[3] Humayun first met them while an exile in Tabriz in 1544, and they joined his service in Kabul around 1549–1550. The absence of Indian servants suggests that the painting was executed in Kabul, where Humayun held court until 1555.

Probably upon his accession in 1605, Jahangir had the painting transformed into an allegorical group portrait of Timur and his descendants, meticulously identified by captions (hence the name by which the painting is now known).[4] He also had his own figure added along with his father's and those of his two eldest sons, Khusraw and Parwiz: the former rebelled and fell from favour in 1607, providing a *terminus ante quem* for the repainting; the latter may still be seen standing behind Jahangir.[5] Shah Jahan in turn had himself and his heir-apparent Dara Shikoh (b. 1615) added upon his accession in 1628.[6]

In the process, some of Humayun's guests, arms-bearers and attendants were replaced: under the half-effaced figure of Dara Shikoh which now stands behind Humayun, the hand and sword of another seventeenth-century Mughal prince – who must be Khusraw – can be seen, and under it the taller shadow of Humayun's mace-bearer. The heads of Humayun's guests and some of his attendants were also repainted, resulting in some inconsistent renderings of the *Tāj-i 'Izzat* (compare with Humayun's genuine headgear) and an implausibly dark-skinned Miranshah (Timur's son and the Mughals' direct ancestor).

Jahangir's politically inspired makeover, emulated by Shah Jahan, testifies to the continuing importance of this painting – possibly a wall-hanging or a tent fitting – and to Jahangir's intention to position the Mughal dynasty firmly within a revered Timurid ancestry. Accordingly, the row of figures to Humayun's right (viewer's left) comprises the Mughals' entire lineage from Miranshah to Babur, Humayun and Kamran.

1 Published extensively, but most recently in Canby, *Humayun's Garden Party;* Lee, Thompson and Daniels, 'Princes of the House of Timur'.
2 Compare with some of the works discussed by A.S. Melikian-Chirvani, 'Mir Sayyed 'Ali'.
3 Compare with some of the works discussed by Sheila Canby, 'The Horses of 'Abd us-Samad'.
4 See John Seyller, 'Recycled Images', pp. 50–80 for an analysis of the repainting, which he assigns to a later date. No fewer than nine artists seem to have been involved, according to Seyller, p. 59, who deciphered most of the inscriptions. Recent technical analyses conducted at the British Museum have yielded relevant new information, some of which is incorporated here.
5 Compare with the likenesses of Khusraw and Parwiz in a painting of *c.*1605–1606 by Manohar; illus. in Rogers, *Mughal Miniatures,* fig. 8.
6 Skelton, 'Iranian Artists in the Service of Humayun', in Canby, *Humayun's Garden Party,* p. 47, was the first to identify the prince now standing behind Humayun as Dara Shikoh. This is further confirmed by the prince's posture with arms crossed over his chest, not encountered before Shah Jahan's accession.

2. The arrest of Shah Abu'l Ma'ali

Mughal, ascribed to 'Abd us-Samad, *c.*1556–1560
Ink and watercolour on paper, 132 x 114 mm
The Bodleian Library, University of Oxford, MS Ouseley, Add. 172, fol. 17a[1]

This encounter looks at first glance more like an embrace than the abrupt seizing of an insubordinate courtier. Shah Abu'l Ma'ali was an arrogant young man from Kashgar in Central Asia who had been the favourite of the Emperor Humayun (r. 1530–1556). After Humayun's death and Akbar's accession, he presumed that he would continue to enjoy the special privileges and liberties granted to him by Humayun, but Akbar and his circle were deeply distrustful of his arrogance and the 'seditious thoughts' that were starting to be attributed to him. Abu'l Fazl, the chronicler of Akbar's reign, wrote of Abu'l Ma'ali that 'his brain had been ruined by the worship of his own beauty' and he had become a 'drunken madman'.[2]

So a plot was laid that three days after Akbar's accession Abu'l Ma'ali would be invited to a special feast at which important matters of state were to be discussed and his presence was required. After making sure that he would be received with due pomp and seated sufficiently close to the Emperor, Abu'l Ma'ali arrived at the feast. The meal was about to begin, and Abu'l Ma'ali was about to wash his hands when the faithful and burly courtier Tolak Khan Quchi seized him from behind 'and made him a prisoner'.[3] 'The 'mad sedition-monger' was sent in chains to Lahore, but he escaped (or was allowed to escape) from prison. A violent eight years followed during which he was involved in murder and insurrection in Kashmir and Rajasthan.[4] Akbar's followers finally caught up with him near Kabul in 1564, and he was hanged.

This deceptively calm image of the moment that marked the beginning of the end for Abu'l Ma'ali is inscribed *'amal-i Khwaja 'Abd us-Samad'*: the work of Master 'Abd us-Samad. 'Abd us-Samad was the renowned Iranian artist who (together with his compatriot Mir Sayyid 'Ali) had been brought from Iran by Humayun to set up the Mughal painting studio (see pl. 1 and p. 24). In this drawing, the Iranian antecedents of Mughal painting can be clearly seen, especially in the stylised image of the slight figure of Abu'l Ma'ali and the treatment of the dress and bodies of both men.[5] The same scene – and Abu'l Ma'ali's eventual execution – were rendered with much more realism and detail, in the style that came to be associated with imperial Mughal painting done for Akbar, in the illustrated versions of the *Akbarnama*.[6]

1 Published: Topsfield, *Paintings from Mughal India*, cat. no. 3.
2 Beveridge, *Akbar-nama*, vol. II, pp. 27–8.
3 Ibid.
4 Ibid., pp. 153–5, 308–11, 316–21.
5 Another image of Shah Abu'l-Ma'ali in the Iranian style is by Dust Muhammad; illus. Brand & Lowry, *Akbar's India*, cat. no. 81.
6 See Beach, *Mughal and Rajput Painting*, fig. 44, for an *Akbarnama* page by Basawan and Shankar showing the arrest, and V&A IS 2:34-1896 for another by Jagan and Asir showing the execution.

شاه ابوالمعالی
صورت تولک خان قوچی
عمل خواجه عبدالصمد

3. Akbar holding discussions with Muslims and Jesuit priests

Mughal, by Narsingh, *c.*1603–1605
Opaque watercolour and gold on paper, 435 x 268 mm
The Trustees of the Chester Beatty Library, MS 3, f.263v[1]

The presence of Jesuit priests at the Mughal court was of great significance to the artistic if not the spiritual development of Mughal culture. Neither Akbar (r. 1556–1605) nor his son and successor Jahangir (r. 1605–1627) had the slightest intention of converting to Christianity, making the Jesuit mission 'pastorally speaking – a fantastic and extravagant failure'.[2] But the images the Jesuits brought with them had a great influence on Mughal artists, who meticulously copied scenes from Christian iconography and Bible stories, often by Flemish artists.

This page from the *Akbarnama,* the illustrated chronicle of Akbar's reign, shows the Emperor seated cross-legged under a canopy in the centre, conversing with a man who appears to be Abu'l-Fazl (the *Akbarnama*'s author)[3] and another Mughal courtier. Beside them sit two Jesuit priests, most likely Father Rudolph Acquaviva (1550–1583), who headed the mission to Akbar's capital, Fatehpur Sikri, from 1580 to 1583, and Father Antony Monserrate, a Spanish Jesuit who accompanied Acquaviva on the mission from Goa. Animated discussions seem to be taking place as the assembled Muslims brandish their books with which to dispute the Jesuits' arguments.

Akbar ordered the *'Ibadat Khana* or 'House of Worship' to be built at Fatehpur Sikri in 1575. Here he presided over debates on religion to which he invited 'all orders and sects of mankind – those who searched after spiritual and physical truth, and those of the common public who sought an awakening, and the inquirers of every sect'.[4] It is just such a discussion that is depicted here. As well as giving us an idea of the format of these gatherings, this illustration is one of the earliest realistic representations of Europeans in Mughal art.[5]

1 Published: Flores and Vassallo e Silva, *Goa and the Great Mughal*, p. 191; Leach, *Mughal and Other Indian Paintings…*, cat. no. 2.152, col. pl. 41; Brand and Lowry, *Akbar's India*, no. 18.

2 Bailey, in O'Malley et al, *The Jesuits*, p. 381.

3 See Leach, *Mughal and Other Paintings…*, vol. I, p. 292, for additional remarks on the identification of this figure as Abu'l-Fazl.

4 Beveridge, *Akbarnama*, vol. III, p. 158.

5 A group of Portuguese horsemen appear in a *Hamzanama* page of *c.*1562–1577 (V&A, inv. no. 2516-1883 IS). Although their faces have been defaced, they are recognisable by their hats. See Stronge, *Painting for the Mughal Emperor*, pl. 5.

پادری رودلف از دانشوران نصاری بفهم و فطرت نشان یکتایی داشت دران بزم آگهی نکته طراز

4. A blind pilgrim visiting a food-seller

Mughal, ascribed to Fazl, *c.*1610–1615
Opaque watercolour and gold on paper, 197 x 126 mm (page: 378 x 262 mm)
Frits Lugt Collection, Institut Néerlandais, Paris, no. 1972-T.7[1]

The figure of the blind pilgrim on the left of this scene is clearly taken from a European source: his hair, his dress and the naturalistic attitude in which he is depicted all point to a western origin. His downcast eyes, folded hands and general appearance seem to be based on a disciple in Lucas Cranach's woodcut of *Christ on the Mount of Olives* of *c.*1502 (right, detail).[2] The folds of the original robe have been transformed into the pilgrim's folded legs, and the back of another disciple in the original print has provided several extra elements around him. Even one of the piles of food and the two bowls are adapted from the Cranach source. The pilgrim and the western-style trees in the background have been incorporated into a scene with a stall-holder painted in typically Mughal style, who is shown keeping the flies off his wares with a fan of palm fronds.

A seated disciple from
Christ on the Mount of Olives (detail)
by Lucas Cranach the Elder, *c.*1502
Woodcut
Metropolitan Museum of Art,
New York, 27.54.3.

Adaptations of western prints, or the re-use of single figures or images from them, were popular at the Mughal court. German and Flemish religious scenes in particular found their way to Akbar's court through the visits of Jesuit missions (see pl. 3) bearing works like the illustrated Antwerp Polyglot Bible of 1569–1572 and individual prints of the lives of the saints.

There is a more elaborate version of this painting in the Victoria and Albert Museum,[3] with an additional figure and a dog in the foreground, which bears an attribution to the seventeenth-century artist Hashim.

1 Published: *The Courts of India*, cat. 26; Gahlin, *L'Inde des Légendes et des Réalités*, cat. no. 23.

2 Hollstein, *German Engravings…*, VI, no. 24.

3 IM 131-1921, illus. in Clarke, *Indian Drawings*, pl. 20. This is a copy, made *c.*1800, of a presumed seventeenth-century original and bears the inscription *'amal-i Hashim*, although it is not certain that the original work was actually by him.

5. Saint Luke

Mughal, *c.*1580–1585

Opaque watercolour and gold on paper, 141 x 87 mm (page: 333 x 202 mm)

Frits Lugt Collection, Institut Néerlandais, Paris, no. 1973-T.56[1]

This image of a winged Evangelist is based on a print by the German artist Hans Sebald Beham (1500–1550).[2] His stern features, his bound gospels, his garments and even his splendid wings are all copied from the original engraving but, in place of the winged bull that usually accompanies St Luke, the Mughal artist has introduced two frisky-looking hounds. The original print by Beham, together with the other three Evangelists, was used as the basis of decoration on the elaborate borders of the *Gulshan* Album, an album of paintings assembled for Jahangir before he ascended the Mughal throne, and now in the Golestan Library, Tehran.[3] Other versions were also made by Mughal artists: one in the Victoria and Albert Museum shows St Luke without wings and without any animal companions.[4]

Winged human figures are not unusual in Indian art, either as celestial beings or on occasion simply to underline the exotic nature of an actual human being. There are examples of winged Dutchmen, for example, who have been given wings for no other reason than they appeared other-worldly to the Indian artists.[5]

1 Published: Gahlin, *The Courts of India*, cat. no. 6; Gahlin, *L'Inde des Légendes…*, cat. no. 5.

2 Hollstein, *German Engravings*, vol. III, p. 36, nos. 55–8.

3 See Beach, 'The Gulshan Album and Its European Sources'.

4 See Stronge, *Painting for the Mughal Emperor*, pl. 85.

5 See, for example, V&A IS 10-1947, illustrated in Jackson and Jaffer, *Encounters*, p. 198.

6. Babur laying out the Garden of Fidelity

An illustration to the *Baburnama*. Mughal, by Bishandas, portraits by Nanha, *c.*1590
Opaque watercolour on paper, 217 x 143 mm (page: 265 x 168 mm)
Victoria and Albert Museum, no. IM 276-1913[1]

The first Mughal Emperor, Babur (r. 1526–1530), is seen here in an imaginary depiction of an event that took place in 1508–1509, some eighty years before it was painted. Babur was as keen a gardener as he was a diarist, so we know in detail how he planned the *Bagh-i Wafa* or 'Garden of Fidelity' near modern-day Jalalabad in Afghanistan. He writes in his diary, which came to be called simply the *Baburnama* or 'Book of Babur', that the garden was in the *charbagh* form, that is laid out in beds with water-channels crossing it on the vertical and horizontal axes, and that it yielded many oranges, citrons and pomegranates.[2] All this is exactly as shown in the painting, which was done for his grandson, the Emperor Akbar (r. 1556–1605) as part of an illustrated version of the *Baburnama*.

No contemporary portraits of Babur have come to light. The image used most often of him in Mughal manuscripts is the one that was developed by artists working at Akbar's court on projects like the *Baburnama*, in which he is shown (as here) in three-quarter view, with a roundish face and droopy moustache, wearing a round turban of Central Asian style and a short-sleeved coat over a robe with long sleeves. He is also often shown looking slightly downwards, suggesting that there may have been an earlier prototype showing him in this pose which was used for all later versions.[3] Babur is depicted in a similar downward-looking pose but in a more Iranian style by the artist Farrukh Beg, in a painting from another version of the *Baburnama* done in about 1589.[4]

1 Published: Stronge, *Painting for the Mughal Emperor*, pl. 59; *The Indian Heritage*, cat. no. 24; Guy and Swallow, *Arts of India*, pl. 41.

2 See Thackston, *The Baburnama*, p. 173.

3 See for example Stronge, *Painting for the Mughal Emperor*, pl. 57 for another 'portrait' of Babur using all these conventions.

4 Arthur M. Sackler Gallery, Washington DC, no. S 1986.230. Illustrated in Thackston, *The Baburnama*, p. 417; Lowry, *A Jeweler's Eye*, cat. no. 49; Okada, *Imperial Mughal Painters*, pl. 129.

درختهای انار هم هست گرداگرد حوض تمام سبزه زار است
جای حسن باغ همین است در وقت زرد شدن انارها بسیار
عمل بشنداس چهره نامی نانها

7. Drawing of Akbar

Mughal, *c.*1595
Ink on paper, 133 x 130 mm (page: 224 x 160 mm)
The British Library, Add. Or. 1039[1]

This unusually intimate study of the Emperor Akbar (b. 1542, r. 1556–1605) seems to have been drawn from life when the Emperor was about 50 years old. The unnamed artist has captured Akbar in a thoughtful mood, and for once we sense something of the personality of this great ruler rather than the stylised figure we see in his 'official' manuscripts such as the *Akbarnama* (pls. 3 and 8).

The Emperor's downcast eyes might suggest that he is reading a document, but there is some evidence to suggest that he was more or less illiterate: the fact that books were read aloud to him corroborates this, and the later historian Shah Nawaz Khan writes in the *Ma'athir ul-'Umara*, a compendium of Mughal nobles written between 1742 and 1780, that 'Akbar did not possess fully the arts of reading and writing.'[2] Illiteracy would have been uncommon amongst the educated élite of the time, but it was certainly no handicap for Akbar as he was able to take part in religious discussions which would have required detailed knowledge of texts. Here, he could perhaps be admiring a painting or a precious object.

Naturalism in portraiture is usually seen as a product of the new interest in the documentation of the world that developed under Akbar's successor Jahangir (r. 1605–1627), but this little drawing is evidence that artists working for Akbar were also capable of insightful character studies. An unusual and finely drawn sketch of a man seen from behind inscribed *pusht-i Akbar* ('Akbar's back') may be another example of an informal study of Akbar from life (right).[3]

A seated man, possibly Akbar.
Ink on paper. Mughal, early seventeenth century.
Arthur M. Sackler Gallery,
Smithsonian Institution,
Washington, DC No. S86.0438

1 Published: Falk and Archer, *Indian Miniatures in the India Office Library*, no. 189i; *Indian Drawing*, no. 3; Seyller, *The Adventures of Hamza*, p. 22, fig. 5.

2 Beveridge, *The Maathir ul-Umara*; repr. Patna, 1979, 1, pp. 454–5, quoted in Seyller, *The Adventures of Hamza*, p. 36.

3 Illustrated in Lowry, *A Jeweler's Eye*, I, p. 325. showing the inscription above the drawing.

8. Akbar ordering the slaughter to cease

From an *Akbarnama* manuscript. Mughal, possibly by Miskin, *c.*1590
Opaque watercolour and gold on paper, 306 x 185 mm (page: 416 x 295 mm)
The British Library, Johnson Album 8, no. 4[1]

This scene shows the Emperor Akbar in contemplative mood during a hunt. It appears to depict an event of 22 April 1578 described in the *Akbarnama*, the chronicle of Akbar's reign. The author, Abu'l Fazl, sets the mood by telling us that Akbar was 'spiritually hungered in the struggles of search'[2] when he decided to go hunting near Bhera in the Punjab. He instructed his officers to enclose all the game within a large area (the system known as *qamargha*) and had evidently started to kill large numbers of animals while he was 'putting forth the foot of search in that wide wilderness, and was holding self-conflicts in the pleasant place where the quarry had fallen'.[3]

Abu'l Fazl implies that the Emperor had some sort of vision while wandering alone in the desert and tells us that 'a sublime joy took possession of his bodily frame.' His nobles thought that he must have either met a holy man and fallen under his influence, or that 'the silent ones of the wilderness had conveyed a message to him. Others thought that the beasts of the forest had with a tongueless tongue [i.e. wordlessly] imparted Divine secrets to him.'[4] As a result of this spiritual experience, Akbar set free 'many thousands of animals' trapped in the enclosure of the *qamargha*. All the nobles made sure that 'no one should touch the feather of a finch and that they should allow the animals to depart according to their habits.' Abu'l Fazl also tells us that after this experience Akbar cut his hair short and 'conformed somewhat to the practices of the ascetics'.

Akbar is shown gazing sadly at the corpse of a magnificent *bharal* or Himalayan blue sheep, with its distinctive curving horns. Other game animals, including the *markhor* with its long, twisting horns, are shown on the craggy landscape above him. Akbar's servants surround him, including the bearer of his sword and his gun, while a falconer and other attendants exchange looks of bewilderment and wonder (expressed by biting the finger) at the bottom of the scene.

Many illustrations to the *Akbarnama* show Akbar as a dynamic figure, leading his troops into battle, receiving homage from defeated enemies or taming wild elephants. This scene is obviously intended to show the spiritual side of the Emperor. An inscription giving the names of its artists would normally have been visible below the painting, but this was lost when the page was remounted as a single album page. Similarities with the work of the artist Miskin, especially 'The Raven addressing the assembled Animals', suggests that this painting may well be by him.[5] A very similar scene in the Victoria and Albert Museum depicts Akbar in a mystical trance while hunting wild asses.[6]

1 Published: Falk and Archer, *Indian Miniatures…*, cat. no. 3.
2 Beveridge, *Akbarnama*, vol. III, p. 345.
3 Ibid., p. 346.
4 Ibid., p. 347.
5 British Museum, 1920, 0917, 0.5. Illustrated in Okada, *Imperial Mughal Painters*, p. 128, Pinder-Wilson, 1976, cat. 68.
6 V&A IS 2:84-1896, illustrated in Sen, *Paintings from the Akbarnama*, pl. 60, and Stronge, *Painting for the Mughal Emperor*, pl. 52. That occasion took place in 1570/1 (see Beveridge, *Akbarnama*, vol. II, pp. 522–3). The V&A composition is reversed, suggesting that a pounce or tracing was taken from this painting of the central image of Akbar under the tree and the adjacent rocks.

9. A falconer

Mughal, by Khem Karan, *c.*1580–1585
Opaque watercolour on paper, 173 x 127 mm (page: 220 x 163 mm)
Paris, Musée national des arts asiatiques Guimet, no. 3619K, b[1]

This small painting of an unidentified courtier is one of a large number of portraits commissioned by the Emperor Akbar in an ambitious project to document the appearance of all of his nobles. Unlike illustrated manuscripts such as the *Akbarnama* which were intended to glorify the Emperor and recount his exploits, these individual portraits were intended purely to convey information about the appearance of the subject. They are all in variations of the same format: a standing man,[2] almost always in profile, set against a plain green background.[3] The subjects are often named in an inscription (sometimes added later) and sometimes hold some sort of identifying attribute, such as a falcon, as in this painting, a weapon or a particular sort of stick that became associated with that person.[4] These identifying features as well as their actual appearance would have helped Akbar to remember his vast circle of nobles and courtiers, and even to assist him in making decisions about appointments and postings.[5]

Abu'l Fazl, the chronicler of Akbar's reign, tells us: 'At his Majesty's command portraits have been painted of all of His Majesty's servants and a huge book has been made.'[6] These pictures were so accurate that they 'gave the dead new life and the living an eternity'.[7] They were painted by a number of court artists, and this one bears an inscription giving the artist as Khem Karan, one of the thirteen Hindu artists listed by Abu'l Fazl as having 'attained fame' in Akbar's atelier.[8] The falconer's gesture appears to be the Mughal *körünüsh* (Turkish, literally 'being seen, appearance'), a greeting of respect as seen performed by the young Prince Khurram as he greets his father Jahangir in pl. 23.

1 Published: Okada, *Imperial Mughal Painters*, fig. 19.
2 One portrait of a woman from this series is known. See Brand and Lowry, *Akbar's India*, cat. no. 50.
3 See ibid., cat. nos. 47–55 for a group of these portraits.
4 See, for example, the portraits of Rai Singh of Bikaner (ibid., cat. no. 47) and Raisal Darbari (ibid., no. 54).
5 See Skelton, 'Europe and India', p. 39.
6 'Allami, *A'in-i Akbari*, I, 115.
7 Ibid.
8 Ibid., I, 114.

10. Zain Khan Koka on horseback

Mughal, *c.*1590–1600
Opaque watercolour and gold on paper, 159 x 114 mm (page: 214 x 155 mm)
Frits Lugt Collection, Institut Néerlandais, Paris, no. 1973 T-4[1]

Zain Khan (1542–1601) was the son of the Emperor Akbar's wet-nurse Pichah Jan, entitling him to the epithet 'Koka' which means 'foster-brother'. Zain Khan rose to command Mughal armies and was made governor of Kabul in 1588 before dying in Agra in 1601. He was said to be a bad poet, but one of the finest musicians of Akbar's reign.[2] He was also famous for the number of elephants he owned, and for the lavishness of his entertainment. At one party for the Emperor, he covered a terrace with the rarest Kashmir shawls and filled tanks with rose- and saffron-water in which a thousand dancing girls and singers cavorted.[3] Not surprisingly for so prominent a courtier, several other portraits of him were made, although none of them shows him on horseback.[4]

This is one of the earliest known Mughal equestrian portraits.[5] The warrior shown on a rearing horse was a convention adopted by Mughal artists from western art, although here it has been incorporated into a typical Mughal landscape and dressed with Mughal accoutrements such as the yak-tail ornament around the horse's neck and the lavish textiles and saddle-cloth. Zain Khan is carrying a hunting hawk on his gloved right hand and is wearing a splendid pink robe (*jama*) with a printed or resist-dyed pattern – a much more elaborate outfit than when he was painted for Akbar's 'great book' of courtiers a few years earlier (see p. 27, fig. 3). His tightly wound turban is typical of the Akbar period, and his velvet saddle-cloth is patterned with a tiger-stripe motif borrowed from Turkish velvets.

1 Published: Gahlin, *L'Inde des Légendes…*, cat. no. 11.

2 Gahlin, *L'Inde des Légendes…*, p. 11; Beveridge, *The Maathir ul-Umara* (2003 repr.), pp. 1027–8.

3 Beveridge, op. cit., p. 1028.

4 See p. 27, fig. 3, and Falk and Archer, *Indian Miniatures in the India Office Library*, cat. no. 12iv for standing portraits of him.

5 A painting in the British Museum of Akbar on horseback by the artist Muhammad Sharif, son of 'Abdus-Samad, may be a little earlier. Inv. no. 1948,1009,0.66. See S.P. Verma, *Mughal Painters and Their Work*, pp. 300–1.

11. The vina player Naubat Khan Kalawant

Mughal, ascribed to Mansur, *c.*1590–1595
Opaque watercolour and gold on paper, 112 x 90 mm (image only)
Courtesy of the Trustees of the British Museum, 1989,0818,0.1[1]

This musician is not named on the painting itself, but we can deduce from other versions of it that it is probably Misri Singh, a vina player at Akbar's court who was given the title Naubat Khan. The *naubatkhana* is the upper room of a gateway in which music is played at intervals, and the title suggests that he was put in charge of this establishment at the court. *Kalawant* is an honorific meaning a skilled or talented person. Misri Singh was the son-in-law of Tansen (*c.*1506–1586), the great Mughal court singer under the Emperor Akbar.[2] Tansen's daughter Saraswati, herself a talented singer in the Dhrupad classical style, married Misar or Misri Singh, a noted *binkar* or vina player from Bikaner in Rajasthan. Misri Singh joined Akbar's court and reputedly converted to Islam there.

Other portraits of Misri Singh survive, including a coloured sketch in Boston which bears the inscription *Naubat Khan Kalawant*.[3] Another sketch, apparently from the same pounce or tracing as the Boston work, is inscribed *Naubat Khan Kalawant Tansen ka damad* ('son-in-law of Tansen'), substantiating the identification with Misri Singh.[4] A man shown carrying a vina in a scene from the *Akbarnama* (the history of Akar's reign) is also probably Misri Singh.[5]

The painting is inscribed at the bottom right *'amal-i Mansur naqqash'* – 'the work of the designer Mansur'. Mansur first appears as an artist at the end of the sixteenth century in Akbar's reign, and attained the title *Ustad* ('master') at that time. He became one of the most renowned painters at Jahangir's court in the first quarter of the seventeenth century, and was given the appellation *Nadir al-'Asr* ('Rarity of the Age') by Jahangir. Known principally for his beautiful paintings of birds, animals and flowers, Mansur was not especially noted for his portraits of humans but certainly did do such work for both Akbar and Jahangir.[6] The fact that neither of his honorific titles appears in the inscription suggests that, if it is indeed by Mansur, it is an early work.

The painting was given in 1790 to one Panton Plymley by Jonathan Scott, the orientalist and Persian translator for Warren Hastings (1732–1818), the first Governor-General of India.[7] It remained in private hands until its acquisition by the British Museum in 1989.

1 Published: Coomaraswamy, *Catalogue of the Indian Collections*, pl. xxviii; Das, 'Ustad Mansur' in *Lalit Kala*, vol. 17, 1974, fig. 4; *Paintings from the Muslim Courts of India*, cat. no. 85; *The Indian Heritage*, cat. no. 36.
2 See Anon. [K. Khandalavala], 'A contemporary portrait of Tansen', in *Lalit Kala*, nos. 1–2, 1955–1956, pp. 11–21.
3 Boston Museum of Fine Arts, 17.3102. See Coomaraswamy, pl.XVIII and p. 39.
4 Illustrated in Anon. [Khandalavala], op. cit., p. 19. The British Museum's vina player has on occasion been identified as another musician, 'Ali Khan Karori (for example in the exhibition catalogue *Paintings from the Muslim Courts of India*, no. 85), who also attained the rank of Naubat Khan, but he was only given the title in 1607, by the Emperor Jahangir.
5 V&A, IS 2-1896, f.4. Illustrated in Sen, *Paintings from the Akbarnama*, pl. 15.
6 See, for example, 'A Prince Smelling a Flower', illustrated in Tandan, *Indian Miniature Painting*, pl. VI.
7 *Paintings from the Muslim Courts of India*, loc. cit.

12. A Jain ascetic

Mughal, by Basawan, *c.*1600
Opaque watercolour on paper, 147 x 98 mm (page: 388 x 263 mm)
The Cleveland Museum of Art, Severance and Greta Millikin Collection
1967.244[1]

This fragile-looking man can be identified as a Jain monk by the objects he carries, and in particular by the mop-like brush under his left arm, which Jains use to sweep any unseen insects out of their path or off the ground on which they intend to sit. The book, water-pot and stick could be used by a wandering mendicant of any faith. Images of Jain monks are rare in Mughal painting: one of the few others known shows a monk also carrying a mop and a water-pot.[2]

We do not know for certain who the monk is, but the nearly erased inscription at the top of the painting (which appears to be in the Emperor Jahangir's distinctively large hand) seems to include the name 'Chandra'.[3] A Jain monk named Shantichandra had been invited to Agra, Akbar's capital, in 1584 and had been treated with great honour and respect.[4] Akbar was significantly influenced by Shantichandra and his teachings and even adopted some aspects of the Jain doctrine of non-violence (*ahimsa*), for example periodically forbidding the killing of animals (see pl. 8). It is possible that this portrait could be of Shantichandra, or of his disciple Bhanuchandra, who subsequently became close to Akbar's sons Salim (later the Emperor Jahangir) and Daniyal.[5] Also visible in the erased inscription is the name of the artist Basawan, one of the foremost of Akbar's court artists who, as it happens, had a special interest in painting holy men.[6] There is a small inscription at the right of the painting which reads *'amal-i behzad* ('the work of Behzad'), but this is a spurious attribution to the great Persian artist of that name, who worked in the fifteenth to sixteenth centuries.

1 Published: Leach, *Indian Miniature Paintings and Drawings*, cat. no. 17; Pal, *The Peaceful Liberators*, cat. no. 114.

2 In the Bharat Kala Bhavan, Varanasi. Illustrated in Glynn, 'A Rajasthani Princely Album', fig. 16a.

3 See Leach, op. cit., pp. 63–4.

4 See S. Andhare, 'Imperial Mughal tolerance of Jainism…', in Crill et al, *Arts of Mughal India*, p. 225.

5 Ibid., pp. 226–7. One of the few other known paintings of a Jain monk by a Mughal artist (also shown carrying a mop and a water-pot) is in the Bharat Kala Bhavan, Varanasi. Illustrated in C. Glynn, 'A Rajasthani princely album', fig. 16a.

6 For two other depictions of holy men by Basawan, see ibid.

عمل بهزاد

13. Jahangir

Mughal, by Daulat, dated 1627
Opaque watercolour and gold on paper, 73 x 57 mm
Sven Gahlin[1]

This tiny portrait bears an inscription at the bottom which reads *'amal-i kamtarin bandah-i dargah daulat sana 22* ('the work of the least slave of the court, Daulat, [regnal] year 22 [i.e. 1627]'). The penetrating gaze of the Emperor and the exquisite details of his face, turban and jewellery all combine to make this a masterful portrait, and probably one of the last that was painted of Jahangir during his lifetime: he died in the same year. It is in the *jharokha* or 'window' form, in which the subject is shown as if appearing at a window or balcony, and which provides a neat framing device for bust-length portraits. Evidently the concept of showing only part of the sitter was a little problematic for the Mughal artists, who liked to provide the imaginary context of a window-sill or balcony ledge as if to explain why the subject was only partly visible.

Small portraits like this one (or even smaller) were sometimes incorporated into album pages, often pasted in above a larger portrait or palace scene.[2] The Emperor's pose, jewellery, nimbus and facial expression are remarkably close to the much larger painting on cloth attributed to Abu'l-Hasan and dated 1617, which shows Jahangir seated on a chair, holding a globe (pl. 14).

Daulat, the artist of this portrait, was a prominent artist at Jahangir's court who had started his career in the late sixteenth century under the Emperor Akbar. Self-portraits of him appear in both the colophon page of the *Khamsa* of Nizami, painted in 1609[3] and the elaborate borders of the *Gulshan* Album in Tehran of 1608–1609.[4]

1 Published: Beach and Koch, *King of the World*, fig. 139.

2 See for example three album pages with small *jharokha* (window) portraits of Jahangir in the St Petersburg Muraqqa' (illustrated in Habsburg, *The St Petersburg Muraqqa'*, pls. 21, 28, 29) and one in which Jahangir is holding a globe, in the Chester Beatty Library (illustrated in Wright, *Muraqqa'*, pl. 48).

3 The British Library Or.122208. See Brend, *The Emperor Akbar's Khamsa of Nizami*, p. 64; Losty, *The Art of the Book in India*, pl. XXI.

4 See Das, 'Daulat', fig. 1, p. 88 and fig. 12, p. 96.

14. Jahangir holding a globe

Mughal, attributed to Abu'l-Hasan, 1617
Opaque watercolour and gold on cotton, 2105 x 1430 mm
Private Collection[1]

Jahangir enthroned. Detail from *China Illustrata* by Athanasius Kircher, 1667. Private Collection.

This imposing, life-size image of the Emperor Jahangir is the largest Mughal painting that has so far come to light. Its scale and colouring are probably intended to emulate a European oil painting, although it is painted in opaque watercolour, a medium more familiar to Mughal artists. It shows Jahangir seated on a European-style chair, his head surrounded by a radiating nimbus of light, balancing a globe in his right hand. These last two features allude both to his honorific name, Nur al-Din ('Light of the Faith'), and to the name that he took on his accession to the throne: 'Jahangir' means 'world-seizer'.

Large-scale western paintings were known at the Mughal court as early as 1602.[2] The Emperor Jahangir showed considerable interest in them and Thomas Roe, James I's ambassador to Jahangir's court, noted at Ajmer in 1616 and Mandu in 1617 how English portraits were displayed behind the Emperor's throne at the *Nau-ruz* (New Year) festival.[3]

The lengthy Persian inscription written in a fine hand around the edge of the painting records that the portrait was painted in Mandu in the twelfth year of Jahangir's reign (1617).[4] It also praises the Emperor and extols his victories, including his conquest of the Deccan in that year. The artist is not named, although his skill is praised in the verse.[5] At the bottom right of the inscription is a small cartouche with the words *'amal-i kamtarin* ('work of the lowliest'), but the matching cartouche in the bottom left-hand corner has been damaged so that the name of the artist is no longer visible. Abu'l-Hasan, the highest-ranking painter of the time, has been suggested as the artist,[6] but others such as Daulat also painted excellent portraits of Jahangir: see pl. 13 for a tiny portrait of Jahangir by Daulat which is remarkably similar to this one, in spite of the disparity in size.

Jahangir is shown here dressed in splendid court garments, including a patterned sleeveless jacket of the type that he called *nadiri* ('rarity'). He is wearing two *patkas* (sashes) around his waist: the longer is elaborately decorated with a gold floral design, while the shorter is of tie-dyed material of the type made in Rajasthan. Both Akbar and Jahangir are sometimes shown wearing a short *patka* over a long one (see pls. 3, 8, 15).[7] Jahangir is shown wearing a tie-dyed sash in a small number of other paintings,[8] and it is tempting to think that this fabric had some specific significance for him. He was himself half-Rajasthani – his mother was a princess from Amber – and his wife Jodhbai was from Jodhpur, both of which were renowned for their tie-dyed textiles.

This painting seems to have provided the model for a print published in 1667 in Athanasius Kircher's book *China Illustrata* (above),[9] which reproduces details such as Jahangir's clothing and jewellery and the group of vessels on the floor beside him, but places it in a wider palace setting for the purposes of Kircher's narrative.

1 Published: Sotheby's Oriental Manuscripts and Miniatures, 18 October 1995, lot 85.

2 Skelton, 'Europe and India', p. 35. The Jesuits caused a sensation in this year by exhibiting in their chapel at Agra a copy of the Virgin and Child in Santa Maria del Popolo in Rome. Akbar was so impressed with the painting that he ordered it to be brought to his chambers where his court artists made copies of it.

3 Foster, *The Embassy of Sir Thomas Roe to the Court of the Great Mogul*, vol. I, pp. 143, 394.

4 According to Jahangir's (and Thomas Roe's) memoirs, he was in Mandu between 2 March and 4 October 1617. See Thackston, *Jahangirnama*, pp. 213, 232.

5 See Sotheby's catalogue p. 84 for a full translation of the verse.

6 Ibid.

7 This fashion seems to have been restricted to the emperors, as other nobles and courtiers are usually shown wearing two patkas of equal length, of which one is plain and the other patterned. See Goswamy, *Patkas*, p. 33.

8 See Wright, *Muraqqa'*, cat. nos. 37A and 80 for two standing portraits of Jahangir wearing a short tie-dyed *patka* over a longer, more elaborate one. In no. 37A, he is also holding a globe in his right hand.

9 Mitter, *Much Maligned Monsters*, fig. 38.

15. Jahangir triumphing over poverty

Mughal, attributed to Abu'l-Hasan, *c.*1625
Opaque watercolour and gold on paper, 240 x 153 mm (page: 367 x 243 mm)
Los Angeles County Museum of Art, from the Nasli and Alice Heeramaneck Collection, Museum Associates Purchase, no. M.75.4.28[1]

This extraordinary allegorical portrait shows the Emperor Jahangir standing on a globe, on which a symbolic lion and lamb peacefully lie together, shooting an arrow at a pathetic figure of an old man shrouded in darkness. We know from the inscription above Jahangir's head that the emaciated old man symbolises Poverty, and it is clear from the huge sun-like nimbus surrounding the Emperor that he is to be seen as the antithesis of the dark cloud of Poverty. A pair of European *putti* hold a crown over Jahangir's head, while a third hands him his arrows. These escapees from western art mingle with other more Indian features: the globe is resting on a fish, in keeping with a number of different Asian mythologies, and reclining on the fish is a man holding a book. In the Islamic tradition this would usually be the legendary figure of Khizr, the white-bearded mysterious spiritual guide who often travels on the back of a fish, but this dark-haired figure, clad in a *dhoti* (wrapped garment), seems more likely to represent Manu, the Hindu law-giver.[2]

The curved chain at the top left of the painting represents the chain of bells (alternating with auspicious yak-tails, and held up by another *putto*) which Jahangir ordered to be hung on the wall near his apartments at Agra Fort so that his subjects could seek his justice at any time. This enigmatic scene is linked to a group of allegorical paintings that the Emperor Jahangir commissioned from his leading artists around 1616–1618, and in particular to a work also by Abu'l-Hasan, which shows Jahangir in the same pose, complete with globe, fish and *putti*, but this time firing arrows at the head of his enemy Malik 'Ambar, his opponent in the Deccan campaigns.[3] The Malik 'Ambar painting is signed by Abu'l-Hasan (before he attained the title Nadir al-Zaman) and it is very likely that this painting is derived from it.

1 Published: *The Indian Heritage*, no. 48; Desai, *Life at Court*, cat. no. 24; Skelton, 'Imperial Symbolism in Mughal painting'; Thackston, *Jahangirnama*, p. 25.

2 Suggested by Robert Skelton in *The Indian Heritage*, p. 40, and in 'Imperial Symbolism…', p. 185 and fig. 5.

3 See Leach, *Mughal and Other Indian Paintings…*, pp. 398–405.

صورت مبارک حضرت اعلی که

16. Four courtiers

From the Kevorkian Album. Mughal, *c.*1610–1615
Opaque watercolour and gold on paper, page: 389 x 254 mm
The Metropolitan Museum of Art. Purchase, Rogers Fund
and the Kevorkian Foundation Gift, 1955. Acc. no. 55.121.10.29r.[1]

This page shows portraits of four of the Emperor Jahangir's courtiers. It comes from a superb imperial Mughal album known as the Kevorkian album after a former owner, which contains portraits of emperors and nobles combined with natural history studies and calligraphy. None of the men depicted here is a top-ranking figure at court. The finest of the portraits is that of 'Inayat Khan at top right, ascribed to the artist Daulat (see also pl. 13). 'Inayat Khan (originally named 'Inayatullah) was later immortalised on his deathbed in 1618 in at least two celebrated Mughal works (pls. 17 and 18): this is the only known portrait of him in his prime, before his addiction to drugs took hold and ultimately killed him.[2] Although it is perhaps hard to believe it is the same man, the inscription (as well as his distinctive, elegantly pointed nose) confirms that this is indeed 'Inayat Khan. He is shown here carrying the royal sword, wrapped in lavish textiles woven with human figures, probably of Iranian manufacture. His trousers are also of silk of similar design.

The identification in Jahangir's handwriting of the upper-left figure has been partly defaced, but it seems to identify him as Raja Sarang Deo, a Rajput noble described by Jahangir in his memoirs as 'one of my most intimate servants' in 1619.[3] Another inscription beneath the portrait attributes it to the artist Balchand.

At the bottom left of the page is another courtier who later came to an untimely end. This is 'Abdul Khaliq, who was put to death in 1626 by Mahabat Khan, Jahangir's Commander-in-Chief, because of his association with Mahabat Khan's enemy Asaf Khan.[4] He is identified on the picture in Jahangir's hand, and an artist's name is also given, but this has so far proved illegible.

The figure holding a rifle at bottom right is identified in the inscription above the painting as Jamal Khan Qaravul, and the artist is given as Murad. *Qaravul* is a term of Central Asian origin meaning a scout, and was used for the post of chief huntsman at the Mughal court, so Jamal Khan's gun is evidently an emblem of his office. He is later recorded in Jahangir's memoirs as shooting a mysterious Himalayan bird which reputedly lived on bones, for which feat of marksmanship the Emperor had offered a reward of 1,000 rupees.[5]

1 Published: Welch et al., *The Emperor's Album*, pp. 132–4.

2 A nineteenth-century copy of this portrait of 'Inayat Khan is in the Wantage Album at the Victoria and Albert Museum (acc. No. IM 122-1921: unpublished).

3 Welch, op. cit., p. 133. See Thackston, *Jahangirnama*, p. 302.

4 Thackston, p. 443.

5 Ibid., p. 435. The bird was identified later as a lammergeyer, a large bird of prey which does indeed eat bones.

17. The dying 'Inayat Khan

Mughal, attributed to Balchand, 1618
Ink and watercolour on paper, 95 x 133 mm
Museum of Fine Arts, Boston. Francis Bartlett Donation of 1912
and Picture Fund. Acc. no. 14.679.[1]

This sombre image is one of the most renowned of all Mughal portraits. Its unsparing observation of one of Jahangir's attendants in his last days is both moving and appalling, and the sparse touches of pallid colour in 'Inayat Khan's eye and cap seem to make its absence elsewhere all the more telling. The jaunty floral pattern on the cap adds a particularly poignant touch.

How the drawing (and the accompanying finished painting, pl. 18) came to be made is recorded by Jahangir in the entry for 10 October 1618 in his memoirs:

> ['Inayat Khan] was one of my intimate attendants. As he was addicted to opium, and when he had the chance, to drinking as well, by degrees he became maddened with wine. ... [H]e had petitioned that he might go to Agra. I ordered him to come into my presence and obtain leave. They put him into a palanquin and brought him. He appeared so low and weak that I was astonished ... As it was a very extraordinary case I directed painters to take his portrait.[2]

'Inayat Khan never made his last trip to Agra, presumably his home town: Jahangir records that 'the next day he travelled the road of non-existence.'

It may seem a callous reaction on the part of the Emperor to set his artists to record the horribly emaciated state of his former loyal servant, but Jahangir was enthusiastic about gathering a visual as well as verbal record of any remarkable person, animal, plant or occurrence at the court. 'Inayat Khan had become just such a curiosity, comparable in the Emperor's mind to the zebra, the chameleon or the encounter with the giant spider that he ordered his artists to record for him.

The drawing is not signed, and it has been attributed over the years to a number of artists.[3] Comparing it to the finished painting of the same subject (pl. 18), the two versions seem to be by the same hand, and two partly erased inscriptions on the painting have been deciphered as ascribing the work to Balchand.[4] It therefore seems likely that the drawing may also be by him.

1 Published: Coomaraswamy, *Catalogue of the Indian Collections in the Museum of Fine Arts, Boston.* vol. VI, pl. XXXII; Welch, *Indian Drawings*, no. 16; Beach, *The Grand Mogul*, no. 60; Cummins, *Indian Painting*, pl. 29; Smart, 'The Death of 'Inayat Khan...', fig. 2.

2 Rogers and Beveridge, *The Tuzuk-i-Jahangiri*, vol. II, pp. 43–4.

3 For example Welch (*Indian Drawings*, cat. no. 16) attributes it to Bishandas, while Beach (*Mughal and Rajput Painting*, fig. 80) suggests Hashim as the artist.

4 Smart, op. cit.

18. The dying 'Inayat Khan

Mughal, ascribed to Balchand, 1618
Opaque watercolour on paper, 124 x 154 mm
The Bodleian Library, University of Oxford, MS Ouseley Add.171, fol. 4v[1]

This finished painting of 'Inayat Khan is no less moving than the drawing of the same man (pl. 17), and it is particularly chilling to compare this emaciated figure with the handsome young man that he was when painted by Daulat some years earlier (pl. 16). Here, he seems to accept with resignation the bittersweet accolade of being painted, purely on account of his unusually ghastly appearance, and gazes stoically ahead. One wonders if he even knew why Jahangir had suddenly ordered his artists to take his likeness, or whether by this time he was past caring.

Unlike the almost tomb-like stony colouring of the drawing, the painting provides a poignant contrast between the soft, colourful cushions on which the dying man has been placed and his pale, emaciated torso, face and hands. The surroundings of the room, and the white couch on which he lies, reflect this deathly pallor.

The painting has the remains of a damaged inscription on the corner of the white bed-cover, and another on the right-hand side vertical panel. These have been deciphered as attributing the painting to the artist Balchand, whose long career as a court artist spanned the reigns of Akbar, Jahangir and Shah Jahan.[2] Balchand was the brother of the artist Payag (see pl. 26) and was a particularly fine portraitist. His self-portrait appears in a corner of one of his superb illustrations to the *Padshahnama*, the illustrated chronicle of Shah Jahan's reign.[3]

1 Published: Welch, *India*, no. 149b; Topsfield, *Paintings from Mughal India*, no. 27; Smart, *Artibus Asiae*.

2 Smart, op. cit.

3 Beach and Koch, *King of the World*, pl. 5.

19. 'Abdullah Khan Uzbeg with his falconer

Mughal, by Abu'l-Hasan ('Nadir al-Zaman'), *c.*1618
Opaque watercolour and gold on paper, 280 x 160 mm (page: 387 x 269 mm)
Victoria and Albert Museum, no. IM 20-1925[1]

'Abdullah Khan was a Central Asian ruler from Bukhara. He died in 1598 and never visited Mughal India, and yet several versions of this painting are known to have been done in Jahangir's reign by Mughal artists. Quite why 'Abdullah Khan became a popular figure for artists long after his death, and in a country far from his own, is unclear, although he sent several embassies to Akbar's court and possibly artists as well.[2] It has been suggested that Jahangir's interest in him was reawakened by a visit to the Mughal court in 1627 by Mutribi Samarqandi, an old retainer of 'Abdullah Khan's, and some of the portraits of 'Abdullah Khan were altered to accord with the visitor's recollection of him.[3] All the versions of this painting are remarkably similar in composition and colouring, and at least two of them are inscribed to the artist Abu'l-Hasan, who bore the title *Nadir al-Zaman* or 'Wonder of the Age' (see also pls. 15 and 22).[4] The painting has the air of a scene from a story rather than a formal portrait, with 'Abdullah Khan and the falconer shown as if in conversation in a rocky landscape. The figures of the two men may come from an Iranian prototype which has been combined with the landscape and the row of Mughal flowers at the bottom to create a new image suitable for an imperial album page.

The painting is inscribed underneath with an inscription reading *shabih-i 'abdullah khan uzbeg 'amal-i nadir al-zaman* ('the picture of 'Abdullah Khan Uzbeg, the work of Nadir al-Zaman [Abu'l-Hasan]').

1 From the Minto Album. Published: *The Indian Heritage*, cat. no. 42; Stronge, *Painting for the Mughal Emperor*, p. 131.

2 See *Akbarnama*, vol. III, pp. 296, 735 for embassies, and Foltz, 'Cultural Contacts between Central Asia and Mughal India', in Levi, *India and Central Asia*, pp. 162–3, for the artists.

3 *The Indian Heritage*, cat. no. 42.

4 See Sheila Canby, *Shah Abbas*, p. 16 and Habsburg, *The St Petersburg Muraqqa'*, pl. 122, for another version in the British Museum. An uncoloured drawing showing only 'Abdullah Khan and the falconer is in the Museum of Fine Arts, Boston (Coomaraswamy, *Catalogue of the Indian Collections...*, pl. XXX, p. 34).

20. Rao Bharah and Jassa Jam

Mughal, by Bishandas, *c.*1620
Opaque watercolour and gold on paper, 228 x 158 mm (page: 372 x 245 mm)
Victoria and Albert Museum, no. IM 124-1921
Bequeathed by Lady Wantage[1]

This amiable conversation between two elderly Gujarati grandees never actually took place: although we know from Jahangir's memoirs that they did both visit the imperial encampment outside Ahmedabad in 1618, their visits did not coincide and they would not have had the opportunity to be painted together by a Mughal court artist.[2]

Jassa Jam, on the right, had come to the Mughal camp from Kathiawar in Gujarat. 'Jam' is the title of the ruler of this princely state, founded by Jam Rawal in 1540, when he started to build the town of Nawanagar ('new town'), now called Jamnagar in honour of the rulers. His companion is identified by the inscription beneath him as Rao Bharah who, Jahangir tells us, is 'from one stem' with the Jam Sahib. Jahangir also remarks that 'in the land of Gujarat there is no larger landholder than he.'[3] An equally lifelike standing portrait of Rao Bharah was done by Govardhan, another of Jahangir's court artists, and dated to 1617–1618,[4] and Abu'l-Hasan also painted a portrait of Jassa Jam,[5] so these Gujarati nobles were evidently seen as significant visitors to the Mughal court. Rao Bharah had earlier antagonised Jahangir by harbouring the rebel Sultan Muzaffar, so his appearance at the imperial camp was vital to his survival. He brought 100 horses as tribute, but Jahangir found none of them to his liking.[6]

Bishandas, the artist of this double portrait, was commended by Jahangir as 'without equal in drawing likenesses.'[7] He had been sent to accompany a diplomatic mission to Iran from 1613–20 in order to 'take the likeness of the Shah ['Abbas I] and his chief statesmen'.[8] This painting must have been made after the artist's return from Iran in 1620, when he was rewarded for his work with the gift of an elephant by Jahangir.[9] It is likely that he created the scene from the studies of the two Gujaratis made from life by Govardhan and Abu'l-Hasan.

1 Published: Stronge, *Painting for the Mughal Emperor*, pl. 107.

2 See Thackston, *Jahangirnama*, pp. 254–6 for Jassa Jam's visit (February–March 1618) and pp. 267 and 275 for Rao Bharah's (July–September 1618).

3 Ibid., p. 267.

4 The painting is now in Berlin. Illustrated in Beach, *The New Cambridge History of India*, I:3, p. 93.

5 See Beach, *The Grand Mogul*, p. 91.

6 Thackston, op. cit., p. 267.

7 Ibid., p. 319. See also Beach, *The Grand Mogul*, pp. 107–11 for other works by Bishandas.

8 Thackston, loc. cit.

9 For Bishandas's portraits of Shah 'Abbas see Beach, *The Grand Mogul*, p. 109; Crill, 'A Lost Mughal Miniature Rediscovered', pp. 330–6; Canby, *Shah 'Abbas*, p. 38.

21. Sheikh Husain Jami and an attendant

Mughal, by Govardhan, *c.*1620–1625
Opaque watercolour on paper, 195 x 121 mm
Paris, Musée national des arts asiatiques Guimet, no. 7173[1]

This serious-looking cleric is named, on the leather satchel lying beside him, as Husain Jami, a prominent member of the Naqshbandi Sufi order. He had endeared himself to Jahangir by writing to him from Lahore shortly before his accession in 1605 to say that he had had a dream in which 'the great saints have transferred the rule to that divinely chosen one' (i.e. Jahangir).[2] After his accession, Jahangir sent Sheikh Husain considerable sums of money for no other reason that 'he had dreams about me that came true shortly afterwards.'[3] Jahangir makes no mention in his memoirs of ever meeting the Sheikh in person.

Sheikh Husain is shown seated on a fine straw mat, beside a servant who is preparing *pan* (betel quids) for him. The finished leaf-wrapped quids are neatly arranged in a box before him. Every aspect of the servant's appearance – his loose, brown turban, his simple, untied garments, his bare arms and chest, his active pose and, most of all, his good-natured expression – contrasts dramatically with the severe demeanour of his master. The painting is inscribed underneath, possibly in Shah Jahan's hand, *'amal-i Govardhan* ('the work of Govardhan'), one of the foremost artists at the Mughal court, who had worked both for Akbar, Jahangir and Shah Jahan, and who was known especially for his prowess in portraiture. As well as this penetrating study of Sheikh Husain, Govardhan painted several other remarkable studies of holy men, both Hindu and Muslim.[4]

1 Published: Okada, *Imperial Mughal Painters*, pl. 234.
2 Thackston, *Jahangirnama*, p. 35.
3 Ibid. p. 59.
4 See Okada, *Imperial Mughal Painters*, pls. 40, 222–4.

عمل گوردهن

22. Shah Jahan as a prince

Mughal, by Abu'l-Hasan ('Nadir al-Zaman'), *c.*1617
Opaque watercolour and gold on paper, 206 x 115 mm (page: 390 x 267 mm)
Victoria and Albert Museum, no. IM 14-1925[1]

This celebrated portrait is one of the classic images of Mughal art. Prince Khurram, the future Shah Jahan, is shown as a young man, before he adopted the full beard with which he is always shown after his accession (see pl. 27). He is holding up an aigrette or turban jewel of European design and is wearing magnificent pearl and jewelled necklaces, earrings and rings. A band of emeralds and rubies adorns his turban. Gold and jewelled bracelets are on both wrists, a gold, jewelled dagger hilt protrudes from his belt, and several thumb-rings for archery swing from his waist. This is clearly a celebratory image, and it probably commemorates the occasion in October 1617 when he was granted the title Shah Jahan ('King of the World').[2] The words 'Shah Jahan' are written in gold above the prince's head, although this inscription could have been added later.

The inscription under the painting is in Shah Jahan's own hand, and translates as 'A good likeness of me in my twenty-fifth year and it is the fine work of Nadir al-Zaman.' *Nadir al-Zaman* ('the Rarity of the Age') was a title granted by the Emperor Jahangir to the artist Abu'l-Hasan (see also pls. 15, 19) at some point before 1618.[3] He was the son of the renowned Iranian painter Aqa Reza, and indeed sometimes used the name 'Abu'l-Hasan al-Mashhadi' as his signature.[4] The gold inscription across the middle of the painting uses an elaborate title for Shah Jahan: 'the blessed likeness of the cynosure (*qibla*) and lord of mankind' and the artist refers to himself as 'the inherited son of a slave (*ghulamzade-i mirasi*)'.

This painting was mounted in decorative borders and bound into a magnificent album of portraits and calligraphy for Shah Jahan. In the album it faced another portrait of him in a similar format, this time in his fortieth year, and also with a personal line of approbation from the imperial sitter.[5]

1 From the Minto Album. Published: Stronge, *Painting for the Mughal Emperor*, pl. 93; *The Indian Heritage*, cat. no. 41; Guy and Swallow, *Arts of India*, pl. 81.

2 Robert Skelton, in *The Indian Heritage*, p. 37.

3 See Beach, *The Grand Mogul*, p. 86, and Thackston, *Jahangirnama*, p. 267, where Jahangir states that the artist had already been given this title.

4 Beach, op. cit., p. 88.

5 Illustrated in Stronge, op. cit., pl. 94.

شاه جهان

23. Jahangir receiving Prince Khurram at Ajmer

From the *Padshahnama*. Mughal, attributed to 'Abid, *c.*1635
Opaque watercolour and gold on paper, 358 x 242 mm (page: 585 x 370 mm)
The Royal Collection. Folio 192b.[1]

The *Padshahnama* ('The Book of the Emperor') was one of the most ambitious undertakings in Mughal art. Its forty-four densely peopled illustrations depict events from the life of Shah Jahan, including some, like this one, which show him when he was still a prince. Here, he is shown on an upper balcony paying his respects to his father, the Emperor Jahangir, before leaving for the Deccan on a military campaign against Malik 'Ambar in April 1616.

The hierarchy of such a gathering is strictly observed, and here the participants in the scene are clearly segregated into three levels. Below the Emperor and his son (and a favoured attendant who almost blends into the background) come the assembled nobles, who are gathered inside a railing.[2] Visually and socially at the bottom of the hierarchy – outside the all-important railing which separates the sheep from the goats – are the servants and attendants, and it is in this lower portion of the *Padshahnama*'s *darbar*, or court scenes, that some of the most remarkable portraiture can be found. Freed from the constraints of depicting influential nobles in unchanging ways so that they would be recognisable (and so that they could be inserted into other group portraits), the artists frequently depict these lower rows of servants, visitors and less important courtiers in extraordinarily inventive ways. In this page, for example, the laughing man in the bottom left-hand corner is an exceptionally well-observed portrait, as is the figure on the opposite end of the same row, although we do not know who they are.[3]

1 Published: Beach and Koch, *King of the World*, no. 37, pp. 92–3.

2 See Beach and Koch, op. cit., pp. 198–9 for a discussion of the nobles shown on this page.

3 It has been suggested that the laughing man may be Muhammad Riza Kashmiri, by comparison with another portrait of him (ibid., p. 199, n. 2). See Wright, *Muraqqa*,' p. 327 for his portrait.

24. The death of Khan Jahan Lodi

From the *Padshahnama*. Mughal, ascribed to 'Abid, *c.*1633
Opaque watercolour on paper, 318 x 200 mm
The Royal Collection. Folio 94b.[1]

This gruesome scene has been described as 'among the most complex and original of all Mughal pictures', and its artist, 'Abid (also thought to be the artist of pl. 23), as 'in many ways the greatest of Shah Jahan's painters'.[2] It shows the moment in February 1631 when the Afghan rebel Khan Jahan Lodi succumbed to Shah Jahan's soldiers who had been sent to hunt him down after he fled the Mughal court two years earlier.

Khan Jahan's severed head is the focal point of the whole painting. Set against empty background colour amidst the fragmented mass of colours and shapes around it, the head manages to convince us as a portrait as much as those of the living soldiers who populate the scene. The already severed heads of the sons and allies of Khan Jahan are also depicted with astonishing realism and indeed have provided 'Abid with opportunities for experimentation with unusual views and foreshortening of the faces not usually available with living subjects.[3] Several members of the Mughal contingent are recognisable from other paintings: the burly standing figure on the left is 'Abdullah Khan Firoz Jang,[4] and the plump man in an orange *jama* on the right of the picture is the Rajput prince Madho Singh of Bundi, who actually delivered the fatal blow to Khan Jahan Lodi with his spear.[5]

Just as in the much more placid *darbar* scene (pl. 23), 'Abid has again divided the page into three layers, with the main action taking place at the lowest level. The 'chorus' of almost caricature-like faces which was ranged along the bottom of the *darbar* scene has here been transposed to the top of the painting, where an extraordinary row of soldiers peeps over the top of the rocky hillside, their plumes and lances poking up into the gold border of the page.

1 Published: Beach and Koch, *King of the World*, no. 16; Beach, *Mughal and Rajput Painting*, col. pl. G. A minute inscription naming 'Abid as the artist is written in the green space near the bottom of the painting.

2 Beach and Koch, ibid., p. 175. 'Abid was probably considerably younger than his more celebrated brother Abu'l-Hasan as he does not appear to have worked for Jahangir.

3 Ebba Koch has suggested that Khan Jahan Lodi was still entitled to be depicted in the formal profile view used for Mughal nobles even in death. (Beach and Koch, op. cit., p. 174).

4 See for example V&A IM 16-1925, in which he is shown holding a severed head.

5 Beach and Koch, op. cit.

25. A seated scribe

Mughal, *c.*1640
Opaque watercolour on paper, 105 x 71 mm
Private Collection[1]

Although this elderly calligrapher was clearly not one of the Mughal court's élite, his portrait has been painted by one of the most accomplished of Mughal court artists, probably during Shah Jahan's reign (1627–1655). We do not know which artist made this intense study of old age and concentration, but it is one of the most engaging in all of Mughal art. The scribe's gnarled hands, wrinkled brow and expression of scowling concentration on his work have all been captured with exquisite care. His clothing, too, is beautifully painted, from the wrinkles in his robe to glimpses of its red lining, and from his meticulously wrapped turban to a surprisingly lavish floral sash at his waist. A small blue and white Chinese jar stands by his side, presumably holding ink, but otherwise he has no equipment, not even a desk or spare reed pens.

True portraits of people other than nobles and rulers at the Mughal court are rare and very few survive. Other examples are the Jain monk (pl. 12) and the Sheikh's assistant in pl. 21, but this tiny portrait of an unnamed scribe by an anonymous artist is uniquely touching.[2]

1 Published: Welch, *Imperial Mughal Painting*, pl. 29; *The Indian Heritage*, cat. no. 65.
2 S.C. Welch has attributed the painting to the artist Bichitr, in *India*, p. 228.

26. Mirza Mukarram Khan Safavi

Mughal, attributed to Payag, *c.*1645
Opaque watercolour and gold on paper, 218 x 126 mm (page: 322 x 233 mm)
Frits Lugt Collection, Institut Néerlandais, Paris, no. 1972-T.44[1]

Although he is dressed in a Mughal *jama* (robe) and turban, this elegant courtier is in fact a prince of the Iranian Safavid dynasty. Murad Khan was his original name, and he married the daughter of the Mughal grandee 'Abdur-Rahim Khan-i Khanan.[2] Jahangir granted him the title of Iltifat Khan, and a superb portrait of him in profile inscribed with that title survives.[3] He received the title Mukarram Khan in the twenty-seventh year of Shah Jahan's reign (1655).[4] An inscription on the album page in which it is mounted reads '*Mirza Mukarram Khan*': as Mukarram Khan did not receive the title 'Mirza' until 1667, this is likely to be a later addition. After a long career spanning three Mughal Emperors, Mukarram Khan died of a fever in 1669.

Mukarram Khan is wearing a tiny portrait of Shah Jahan in his turban: small wearable portraits of this type were called *shast* (literally, 'aim' or anything of circular shape) and could be worn as pendants as well as turban ornaments. In pl. 23, several courtiers are wearing gold lockets which almost certainly contain a small portrait of the Emperor.

This portrait is unusual not only for the fineness of its drawing and painting and the minutely observed details of Mukarram Khan's outfit, but also for the three-quarter view of its subject. This is rare in Mughal portraits, and is usually restricted to subsidiary characters in court or hunt scenes: the profile was usually considered the appropriate mode in which to represent high-ranking nobles. We do not know why the artist chose this view, but it has enabled him to show us a literally and metaphorically more rounded view of this nobleman. The delicacy of the painting and the treatment of the textiles has led to an attribution to Payag, one of Shah Jahan's most celebrated artists.[5]

1 Published: Gahlin, *The Courts of India*, cat. no. 31.
2 See Beveridge, *Ma'athir ul-Umara*, vol. III, pp. 583–6 (2003 reprint, p. 247).
3 In the Hodgkin Collection. Illustrated in Topsfield and Beach, *Indian Paintings and Drawings…*, cat. no. 12.
4 Beveridge, op. cit.
5 Gahlin, *The Courts of India*, no. 31.

27. Shah Jahan in old age

Mughal, *c.*1700

Opaque watercolour and gold on paper, 255 x 169 mm (page: 455 x 310 mm)

Victoria and Albert Museum, no. IM 35-1922[1]

Shah Jahan (r. 1627–1658) was born in 1592 and appears to be about sixty years old in this portrait. The image is on a much larger scale than is normally found in Mughal painting of the mid-seventeenth century, suggesting that it may have been done after Shah Jahan's reign. Its large scale is further emphasised by being mounted on a very large album page.

Not a single portrait of Shah Jahan as Emperor has so far come to light in anything other than the profile view (see also pls. 22 and 23). Although his predecessors Akbar and Jahangir are sometimes depicted in three-quarter view, by Shah Jahan's reign this was considered inappropriate for the imperial portrait, and any view of the face in anything other than profile format was normally used only for lesser nobles, attendants, soldiers and servants. This is especially noticeable in the densely peopled pages of the *Padshahnama*, the chronicle of Shah Jahan's reign (see pl. 23), in which the Emperor and most important nobles are always seen in profile. It has been suggested that the 'idealized profile representation emphasized that the ruler and those in the state who mattered were above what is human, imperfect and subject to change'.[2] This stately image of the elderly Emperor certainly appears to be a representation of imperial power rather than the man who holds it.

1 Unpublished.

2 Ebba Koch in Beach and Koch, *King of the World*, p. 136.

شاه جهان بادشاه

28. Prince Sulaiman Shikoh and his tutor

Mughal, by Mir Hashim, *c.*1642
Ink, watercolour and gold on paper, 325 x 240 mm
Bristol's Museums & Art Gallery, no. N8170[1]

Sulaiman Shikoh (1635–1662) was the eldest son of Dara Shikoh (1615–1659), Shah Jahan's eldest son and heir, who was usurped and ultimately killed by his brother Aurangzeb. These fateful events were still in the future when this peaceful scene was drawn: Shah Jahan was still securely on the throne and Dara was his cosseted favourite son. Sadly, only three years after his father's death, Sulaiman was also imprisoned by his uncle Aurangzeb, who had seized the throne from Shah Jahan in 1655. While imprisoned in Gwalior Fort, Sulaiman was given a daily dose of opium, which slowly weakened and killed him.[2] He was 27 years old.

Prince Sulaiman appears to be about seven years old in this drawing. He is dressed in a miniature version of the classic Mughal robe, the side-fastening *jama*, which is tied on his right side in the Muslim fashion (Akbar had initiated a rule for the tying of the *jama*, whereby Muslims tied it on the right side and Hindus on the left). He is wearing a close-fitting cap of the type that is seen in other portraits of Mughal children.[3] The prince is shown poring over a book together with an unnamed tutor, a kindly but serious-looking cleric who gestures animatedly with his right hand. The book rests on a *rahla*, the typical folding book-stand used for reading the Qur'an and other books in Islamic society.

Although only the faces of the pair have been fully drawn and lightly coloured, the folds of their garments and the attitudes of their hands have been beautifully sketched in. An inscription in gold near the top of the sketch gives the name of the prince, while the ink inscription alongside him reads *shabih-i sultan sulaiman shikoh ibn padshahzade muhammad dara shikoh* ('the portrait of Sultan Sulaiman Shikoh, the son of the imperial prince Muhammad Dara Shikoh'), and respectfully lurking on the outer edge of the page is the small inscription *'amal-i mir hashim* ('the work of Mir Hashim'). Hashim was well known as a portraitist, and works survive by him from both Jahangir's and Shah Jahan's reigns.[4]

1 Published: Welch, *Indian Drawings and Painted Sketches*, no. 20.

2 Ibid., p. 53.

3 See for example the baby prince by Abu'l-Hasan illustrated in Beach, *The Grand Mogul*, no. 28.

4 See Beach, op cit., pp. 127–30 for more works by Hashim. A superb drawing of Jahangir attributed to Hashim is illustrated in Beach, *Mughal and Rajput Painting*, p. 111.

شاهزاده سلیمان شکوه
عمل میر هاشم

29. Aurangzeb on horseback

Mughal, *c.*1680

Opaque watercolour and gold on paper, 301 x 238 mm (page: 480 x 331 mm)

The British Library, Johnson Album 3, no. 4[1]

The Emperor Aurangzeb (r. 1658–1707) is often cast as an austere enemy of the arts whose lack of patronage forced artists from Delhi to find work in the provinces. While this may have been true of the later part of his reign, earlier on he continued to patronise the artists who had worked for his father, Shah Jahan. Some early court portraits of Aurangzeb are certainly as lavish as those produced for his father.[2]

This equestrian portrait of the young Aurangzeb is imposing in its scale and simplicity. The use of gold highlights adds some imperial extravagance to an otherwise very restricted palette, and the lack of even a hint of any background landscape gives the image a symbolic grandeur. The prancing horse is an image taken from western art, and similar horses were used for portraits of Mughal nobles (see pl. 10) as well as later Emperors like Muhammad Shah.[3] Both Aurangzeb and his mount are shown here in full armour, and the Emperor holds a spear, as well as being armed with a dagger at his waist and a quiver full of arrows. This warlike appearance may not be only symbolic: Aurangzeb was actively campaigning in the Deccan and elsewhere for much of his reign and certainly played his part as a military as well as a political leader.

1 Published: Falk and Archer, *Indian Miniatures...*, cat. no. 114.

2 See, for example, the superb *darbar* portrait of Aurangzeb of about 1660, illustrated in Welch, *Imperial Mughal Painting*, pl. 37.

3 A similar equestrian portrait of Aurangzeb is in the Keir collection: see Robinson, *Islamic Painting and the Arts of the Book*, no. V.85, pl. 39. See also McInerney, 'Mughal painting...', fig. 2, for a portrait of Muhammad Shah on a rearing horse in full armour, and Falk and Archer, *Indian Miniatures...*, cat. no. 115, for a Mughal noble on an almost identical horse.

30. Muhammad Shah making love

Mughal, by Chitarman, *c.*1735
Opaque watercolour and gold on paper, 390 x 308 mm
The British Library, Johnson Album 66, no. 1[1]

There is a striking contradiction between the intimacy of the occasion and the formal and very public way in which it is depicted in this painting. The Mughal Emperor Muhammad Shah (r. 1719–1748) is shown in a sexual encounter on a palace terrace. Although the painting is usually referred to as 'Muhammad Shah making love', this term hardly seems appropriate for such an impersonal-seeming event, which is taking place in an open, pillared space with a garden in the foreground and female servants in close attendance. The terrace is shown with large and beautiful rolled hangings which could presumably provide privacy, but there is no doubt that this painting is a purely symbolic image intended to illustrate the Emperor's virility and power.

A tiny inscription in gold paint at the bottom of the painting reads *'amal-i khanazad Chitarman* ('the work of the house-born Chitarman'). Chitarman was the most accomplished of Muhammad Shah's court artists. He was a Hindu named Kalyan Das, who acquired the name Chitarman ('one who paints') while working for Muhammad Shah. 'House-born' means that he was born into a family already in royal service, and it may be that his father was also a court artist. Chitarman's taste for cool colours and a flat but realistic attention to detail are clear in both this rather unsettling painting and the more conventional scene of Muhammad Shah in a palanquin, which is also attributed to him.[2]

1 Published: Falk and Archer, *Indian Miniatures…*, no. 160; McInerney, 'Mughal painting…', pl. 7.

2 McInerney, op. cit., pl. 8.

31. Sultan Ibrahim 'Adil Shah II of Bijapur

Bijapur, *c.*1590
Opaque watercolour and gold on paper, 265 x 165 mm (page: 390 x 260 mm)
The David Collection, no. 105/2007[1]

This remarkable study of the young Sultan of Bijapur, Ibrahim 'Adil Shah II (r. 1579–1627) is strikingly different to other portraits of the time in scale and format. While portraiture was just starting to be taken up at Akbar's court (see pls. 9–11), Ibrahim's artists were already experimenting with new forms like this image. The large-scale close-up in three-quarter view is highly unusual and is almost certainly the result of European influence. It has been suggested that prints by Lucas Cranach the Elder may have provided a model for this painting.[2] Certainly, the plump cheeks, the lashless eyelids and the curvaceous lips all correspond to several of Cranach's portraits, which in print form could easily have been circulating in India by the late sixteenth century.

Several other portraits of Ibrahim survive, and many of them bear witness to the high quality and innovation of painting at his court.[3] Ibrahim was a talented musician, painter and calligrapher, and his portraits show him as a pleasure-loving connoisseur.[4] The verses inscribed on the bands of his turban in this painting are taken from Ibrahim's own work, the *Kitab-i Nauras* ('The Book of the Nine Sentiments'). They refer to Ibrahim's glorious kingship and compare him to the prophet Abraham (Ibrahim in Arabic).[5]

1 Published: Zebrowski, *Deccani Painting*, pl. VI; Galloway, *Paintings from the Royal Courts of India*, cat. no. 20.

2 J.P. Losty, in Galloway, op. cit., p. 52. Rather than the bearded male portraits, however, Cranach's female studies seem most relevant to this painting, for example the print of Sybilla of Cleves, wife of John Frederick I, the Elector of Saxony (see Hollstein, *German Engravings, Etchings and Woodcuts*, VI, no. 135). What has been rendered as facial hair in the Ibrahim portrait seems to echo the shading on the Cranach print of Sybilla.

3 See, for example, Zebrowski, *Deccani Painting*, figs. 50–2, 59, 63–4, 67, 69, 70.

4 One of the best known is the portrait mounted in a Jahangir Album page in the Naprstek Museum, Prague, which shows Ibrahim playing his *tanbur* with three musicians. Illustrated in Zebrowski, op. cit., colour pl. X, and *Indian Heritage*, cat. no. 44.

5 See Losty, op. cit., and Zebrowski, op. cit., p. 73 for the full translations.

32. Sultan Muhammad 'Adil Shah of Bijapur and Ikhlas Khan riding on an elephant

Bijapur, by Haidar 'Ali and Ibrahim Khan, *c.*1645
Opaque watercolour and gold on paper, 267 x 305 mm
Howard Hodgkin[1]

Muhammad 'Adil Shah was the son of Ibrahim 'Adil Shah of Bijapur (pl. 31). He continued the patronage of painting at the court, although portraiture now tended to focus on accurate depictions of people rather than the idealised images done for his father. This painting not only gives us recognisable portraits of both the Sultan and his most powerful minister, but also of the magnificent elephant on which they are riding. The names of the two artists are inscribed vertically beside the elephant's tail.

The minister, who rides behind the Sultan and repels flies from him with a cloth, is Ikhlas Khan, of whom there are more surviving portraits than of any other African in India.[2] Ikhlas Khan first rose to power under Ibrahim's mother Chand Bibi while she was regent to the young Sultan; he held the two principal offices of state under Ibrahim himself, and continued his career under Ibrahim's son Muhammad (r. 1627–1656). There was a large population of Africans (called *Habshi* or 'Abyssinian') in the Deccan, where they had been used as slaves, bodyguards and soldiers, at least since the fifteenth century.[3] Malik 'Ambar, the renowned Deccani general and adversary of Jahangir, rose to the highest rank of this group (see pls. 15 and 23), but Ikhlas Khan also wielded a great deal of power in Bijapur.

Africans were often employed as soldiers in India, and an African Mughal soldier can be seen at the bottom of pl. 24.

Elephants were important animals at the Bijapur court, and we know the names and indeed the appearance of several of them, for example Atash Khan, the favourite animal of Ibrahim 'Adil Shah.[4] 'Splendid elephants that look like moving mountains' were sent from Bijapur to the Mughal court as tribute by Muhammad 'Adil Shah, whose sister was married to Prince Daniyal, the brother of Shah Jahan.[5]

1 Published: Topsfield and Beach, *Indian Paintings and Drawings...*, cat. no. 10; Zebrowski, *Deccani Painting*, fig. 100; Robbins and McLeod, *African Elites in India*, fig. 101.

2 Robbins and McLeod, op. cit., p. 33; see Alderman, 'Paintings of Africans in the Deccan', in ibid., pp. 116–19, for an account of Ikhlas Khan's career and other paintings of him.

3 Ibid., p. 31.

4 Zebrowski, op. cit., fig. 73.

5 Topsfield and Beach, *Indian Paintings and Drawings...*, p. 38. See Guy and Swallow, *Arts of India*, fig. 72, for the portrait of Mahabir Deb, an elephant presented to Shah Jahan by Muhammad 'Adil Shah.

33. Sultan 'Ali 'Adil Shah II of Bijapur

Bijapur, *c.*1660
Opaque watercolour and gold on paper, 385 x 230 mm
The Barber Institute of Fine Arts, University of Birmingham, no. B.12[1]

One of the characteristics of Deccani painting is a lush romanticism that is quite different to the realistic precision of its Mughal equivalents. This portrait of Sultan 'Ali 'Adil Shah of Bijapur (r. 1656–1672) epitomises that luxurious and jewel-like quality. His elegantly outlined profile, sweeping eye and eyebrow, well-defined lips and finely painted beard all recall the portrait done for his grandfather Ibrahim (pl. 31), although the artist has chosen a classically Mughal *jharokha* (window format) for his portrait. The glowing colours of his robe, with its peacock-feather decoration, and the gold illumination of the page all add to its opulence.

The portrait is mounted onto an album page, on which 'Ali has been misidentified in an inscription as his grandfather, Ibrahim, the best-known of Bijapur's rulers and patrons. A small number of portraits of 'Ali are known, the most developed of which is a group scene, probably by the same artist as this one, which may show the young ruler receiving the Maratha warrior Shivaji.[2] 'Ali's reign was dominated by his attempts to repel both Shivaji and the Mughal prince Aurangzeb from seizing his lands. In a famous incident in 1659, Shivaji murdered the Bijapuri envoy Afzal Khan by pretending to embrace him but instead fatally wounding him with a concealed set of steel tiger claws. In spite of these military crises, 'Ali patronised poets as well as painters, and the celebrated Deccani Urdu poem *Gulshan-i 'Ishq* ('the Rose-garden of Love') was composed for him in 1657 by the poet Nusrati.

1 Published: Zebrowski, *Deccani Painting*, pl. 108.
2 Zebrowski, p. 139.

ابراهیم عادل شاه بادشاه بیجاپور

34. An African eunuch

Golconda, *c.*1650
Opaque watercolour and gold on paper, 225 x 123 mm (page: 390 x 276 mm)
Private Collection[1]

This elegantly dressed man is one of the many Africans (known as *Habshi* or *Sidi*) who lived and worked at the courts of the Deccan sultanates (see also pl. 32). Unlike the recognisable Ikhlas Khan, however, we do not know who this man is, even though his court dress and the high quality of the painting imply that he was a figure of some importance at the Golconda court, where it was painted. It has been suggested that he is a eunuch as he has smooth, hairless cheeks, while almost all other Muslims (Africans included) wore facial hair.[2]

This type of highly finished, Mughal-style portrait was popular at the Golconda court, and may have been influenced by the superb portraits of Deccani rulers painted by the Mughal artist Hashim (who may originally have come from the Deccan) during the 1620s.[3] Even the green backgrounds and the sparse flowers at the bottom of the page are similar to the Mughal works.

1 Published: Zebrowski, *Deccani Painting*, pl. XX; Robbins and McLeod, *African Elites in India*, pl. 104.

2 Zebrowski, op. cit., p. 185. See, for example, the two eunuchs at the Mughal court illustrated in Beach and Koch, *King of the World*, pl. 5.

3 See Okada, *Imperial Mughal Painters*, pls. 50, 174–7, and Zebrowski, op. cit., pl. 143.

35. Prince Amar Singh reclining on a swing-bed

Udaipur or Rajnagar, Mewar, Rajasthan, *c.*1695
Opaque watercolour on paper, 390 x 300 mm (page: 550 x 450 mm)
Private Collection[1]

This languid portrait of the youthful Amar Singh presents an unusually intimate glimpse of the future ruler of Mewar in his private apartments. He is lounging on a *charpoy* – a simple bed with a plaited rope base and wooden frame, covered with a white cloth – which has been suspended by chains from the ceiling. The gentle swinging motion of such seats provides a cooling breeze in the hot Rajasthani summer months. Amar Singh is shown smoking a water-pipe or *huqqa* placed on a small table on the floor, and he is clad only in a pair of loose striped *paijama* trousers, with a thin orange cloth for additional cover. His turban is wrapped in the style that came to be called *Amarshahi* after him, and which continued to be used in Mewar even after his reign.

Amar Singh inherited the throne of Mewar from his father in 1698, when he was twenty-five, and ruled until 1710. Before attaining the *gaddi* (throne), Amar Singh had set up his own court at Rajnagar to the north of Udaipur, and it may have been there that this portrait was painted. It epitomises a recurrent theme of leisure and hedonism that runs through many of the works done for him. Several of these show him enjoying the company of the ladies of his harem, smoking the *huqqa* or drinking alcohol (he was the first of the Mewar rulers to indulge in this way). In spite of this pleasure-loving side, he was known as a 'high-minded prince, who well upheld his station and the prosperity of his country'.[2]

Although he was only thirty-eight when he died, Amar Singh became one of the most innovative and imaginative patrons of painting in Rajasthan. Several of the surviving images of him have an informality and lack of self-importance that we find rarely in royal portraits – perhaps the closest parallel is with Raja Balwant Singh of Jasrota, whose everyday activities were captured so poignantly by the artist Nainsukh (see pl. 46). We do not know the name of the main artist of Amar Singh's court, but his distinctive hand can be seen in this and several other works commissioned by Amar Singh.[3]

1 Published: Andrew Topsfield, *Court Painting at Udaipur*, p. 120, fig. 91.
2 Tod, *Annals and Antiquities of Rajasthan*, I, p. 471.
3 See Topsfield, op. cit., figs. 87–113.

36. Padam Singh of Ghanerao on a hunting party at Ajmer

Ghanerao, Rajasthan, by Manno, dated 1721
Watercolour on paper, 243 x 310 mm
Victoria and Albert Museum, no. IS 12-1978[1]

This group portrait shows Padam Singh (r. 1720–1742), the *thakur* or ruler of the tiny princedom of Ghanerao in Rajasthan, with some of his nobles, three musicians, a female and a male servant and (unusually) three dogs. An inscription on the reverse of the painting reveals that it was done by an artist named Manno in 1721 while Padam Singh was at Ajmer, about 100 miles north-east of Ghanerao. Two of the nobles on the left of the group are also named as Ram Singh and Charan Singh: they are probably the two holding rifles, and we can identify Ram Singh as the man in an orange robe as he appears in another portrait together with Padam Singh.[2] The bare-chested man facing Padam Singh is a holy man named on the reverse as Kannaradas, while the large dog is simply described as '*vamnakutto*' (a wild dog).[3]

Even on a hunting expedition, Padam Singh was evidently accompanied by musicians and a servant to wave a peacock-feather fan (*morchhal*) over him, although it may be that only Ram Singh and Charan Singh were actually hunting: their orange and green robes are typical colours for the hunt, while Padam Singh is dressed in a fine white muslin *jama* (side-fastening robe) and has only a punch-dagger (*katar*) and a sword with him, which are less likely to have been used for hunting animals.

Situated on the border between the larger and more powerful Rajput states of Mewar (Udaipur) and Marwar (Jodhpur), Ghanerao had a remarkably strong tradition of patronage of painting between about 1715 and the mid-nineteenth century. Several other paintings of Padam Singh are known of, alongside some by his predecessor and his successors.[4] The Ghanerao rulers were Rathor Rajputs, descended from Rao Jodha, the founder of Jodhpur (r. 1453–1489), and the style of their paintings reflects this. Its format, with the central major subject seated on the ground, surrounded by rows of nobles and attendants, follows the far more refined group portraits of the seventeenth-century Jodhpur court (see fig. 1, p. 35), and its palette of earthy greys and oranges is typical of painting in Marwar at the time. The dress and particularly the distinctive turbans of this group also reflect the close relationship of Ghanerao to the Jodhpur court.

1 Published: Crill, 'The Thakurs of Ghanerao as patrons of painting', p. 97; Crill, *Marwar Painting*, fig. 54.

2 National Museum, New Delhi, no. 58.27/24, published in Crill, 'The Thakurs of Ghanerao…', fig. 4.

3 The inscription was read by Dr John Smith shortly after the painting was acquired by the V&A in 1978.

4 See Crill, 'The Thakurs of Ghanerao…' for a selection of these images.

37. A lady playing a tanpura

Kishangarh, Rajasthan, *c.*1735
Ink, gold, opaque and transparent watercolour on paper, 470 x 337 mm
The Metropolitan Museum of Art, Fletcher Fund, 1996.100.1[1]

Accurate portraits of women drawn from life are notoriously rare in Indian art. Conventions of seclusion and modesty dictate that women are hidden from the gaze of men other than their husbands and immediate family, with the result that almost all depictions of women are merely idealised studies of female beauty. It would have been almost impossible for a male artist to make a drawing from life of a woman of the court, unless she was one who was habitually in the male domain, such as a servant, courtesan or musician. While there are many well-observed portraits of these attendant women in court scenes from all over India, it is rarer to find images of individual women other than the 'princess' type.

Kishangarh painting is best known for a highly stylised and sensuous style that became popular from the mid-eighteenth century. This painting, however, seems to predate the use of exaggerated features and elongated bodies associated with that style, although the characteristically curved and half-closed Kishangarh eyes are already in evidence here. The musician's long, curling hair, heavily shaded eyelids and delicately tapering fingers have all been painted with a delicacy that is not found in real humans. She is shown in three-quarter view, a feature that was quite unusual at that period in Rajasthani painting, and which may be a reflection of western influence.

1 Published: Kossak, *Indian Court Painting*, cat. no. 57.

38. Kunwar Anop Singh of Devgarh riding with a falcon

Devgarh, Mewar, Rajasthan, attributed to Bakhta, *c.*1776
Opaque watercolour on paper, 493 x 292 mm
Museum Rietberg Zurich. Gift of Dr Carlo Fleischmann Foundation and acquisition. Acc. no. RVI 2198.[1]

The imposing figure of Kunwar ('prince') Anop Singh is recognisable in several group portraits which focus on his father, Rawat Ragho Das, and his grandfather, Rawat Jaswant Singh, the rulers of the small principality of Devgarh in Mewar.[2] He died at the age of twenty-two, in about 1776, before he had a chance to attain the *gaddi* (throne) of Devgarh.[3] We know from his appearance in portraits that he was exceptionally large in physique, and the British historian James Tod, who visited Devgarh in the early nineteenth century, tells us that Anop Singh was reputed to have been nearly seven feet tall even at the age of twenty.[4] Tod also states that Anop Singh's early death was connected to 'a vain attempt to keep down, by regimen and medicine, his enormous bulk'.[5]

Judging by Anop Singh's apparent age in this deceptively optimistic portrait, it must have been painted shortly before his death. Anop Singh is shown riding a horse whose rounded contours, typical of Devgarh painting of the time, seem to echo his own. Both horse and rider are lavishly dressed – more lavishly than one would expect for a hunting expedition, as Anop Singh is wearing jewelled turban ornaments, necklaces, earrings and bracelets and the horse has a tasselled mane and several decorative accoutrements. A hunting hawk perches on Anop Singh's glove, having just taken down a long-necked bird, perhaps a crane, which has been brought for inspection by an attendant who respectfully greets the young prince.

Although Devgarh was a small feudatory of the powerful Mewar kingdom, its rulers had a history of prolific artistic patronage from the 1760s until the 1830s. Devgarh is especially significant for the history of Rajasthani painting as it was a base for the artists Bakhta and his son Chokha, two of the most exceptional artists to have worked in Mewar. No doubt if Anop Singh had lived long enough to become Rawat there would have been many more images of his towering frame.

1 Published: Beach and Singh II, *Rajasthani Painters Bagta and Chokha*, fig. 41.
2 See, for example, Beach and Singh II, op. cit., figs. 23–5, 29.
3 See ibid., fig. 21 for an earlier portrait of the young Anop Singh hunting boar.
4 James Tod, *Annals and Antiquities of Rajasthan*, I, p. 154, n. 2.
5 Ibid., I, p. 359, n. 1, quoted in Beach and Singh II, op. cit., p. 35.

39. Maharaja Bhim Singh of Jodhpur

Kishangarh, Rajasthan, ascribed to Budh Lal, *c.*1795
Opaque watercolour and gold on paper, 317 x 219 mm
Museum of Fine Arts, Boston. Gift of John Goelet. Acc. no. 66.136.[1]

Maharaja Bhim Singh of Jodhpur (b. 1766, r. 1793–1803) was a ruthless monarch who murdered any relatives who threatened his claim on the throne. Several paintings of him by Jodhpur artists survive,[2] but this one, painted in the distinctive Kishangarh style, is more elegant and more finely painted than any of those done by his own artists. The Jodhpur rulers were related to those of Kishangarh: both were members of the Rathor clan of Rajputs, and Kishan Singh, the founder of the Kishangarh line, was the brother of Maharaja Sur Singh of Jodhpur (r. 1595–1619).[3] This painting would have been made for Maharaja Pratap Singh of Kishangarh (r. 1788–1797) who was grateful to Bhim Singh for his military support against the Maratha forces in the 1790s.[4]

The Maharaja is shown here at the age of about thirty. He is splendidly dressed, with a glowing nimbus symbolic of his kingship, seated on elegant furnishings on a terrace. Behind him is the lake at Kishangarh, with the green hills and small palaces that are shown in many other eighteenth-century Kishangarh paintings.[5] An extraordinary luminous glow suffuses the painting, both as a result of the vivid sunset portrayed behind the lake, and the use of gold paint on Bhim Singh's nimbus and shield.

An inscription on the reverse of the painting in *devanagari* script reads *tasvir maharajadhiraja maharaja sri bhim singhji rajasthanan amal musavor budh lal*: 'the likeness of the great Maharaja Bhim Singh of Rajasthan, the work of the artist Budh Lal'. Budh Lal was one of the lesser-known Kishangarh court artists and is said to have worked at the minor court of Fatehgarh.[6]

1 Published *40 Years on… Donations by John Goelet – Sculpture, Paintings and Drawings, Miniatures and Calligraphy Tankas and Mandala*, (M.T. Train/Scala Books, New York, 1999).
2 See Crill, *Marwar Painting*, figs. 85–9.
3 For a Kishangarh portrait of the same period of Maharaja Surat Singh of Bikaner, another Rathor relative, see *The Courts of India*, cat. no. 64.
4 Saxena, *Maratha Relations with the Major States of Rajputana*, p. 142.
5 See, for example, Cummins, *Indian Painting*, pl. 83.
6 Mathur, *Marvels of Kishangarh Painting*, p. 34.

40. A courtesan

Rajasthan, probably Jaipur, *c.*1780–1800
Ink and watercolour on paper, 487 x 337 mm
Victoria and Albert Museum, no. IS 315-1952. Given by Colonel T.G. Gayer-Anderson, C.M.G., D.S.O., and his twin brother Major R.G. Gayer-Anderson, Pasha[1]

This large and vigorous sketch shows a woman seated against a bolster, adjusting her left earring. She is more likely to be a courtesan or dancer than a noblewoman, as women of the ruling class were rarely, if ever, depicted in realistic portrait sketches like this one. The informality of the pose – and the implication that we are seeing the woman in her private quarters – would also be unusual in a portrait of a noblewoman or princess, which would show the subject in a much more formal attitude and setting.

The outline of the drawing has been pricked with tiny holes, an indication that it was intended to be copied by pouncing – the practice whereby images are copied by sprinkling charcoal over the holes in the original so that an outline of tiny dots is left on a second page. This receiving page is often of a semi-transparent material, usually deer-skin, and is called a *charba*. The *charba* is then itself pricked and used to transfer the original image as many times as necessary on to further sheets of paper.

It is rather surprising that an image like this would have been seen as suitable for copying, as it has the air of a sketch made primarily for the artist's enjoyment rather than for working up into a painting.

1 Published: *Indian Drawing*, cat. no. 9.

D.5
GR.D.5.

41. Maharana Karan Singh of Mewar

Udaipur, Mewar, Rajasthan, probably nineteenth century
Opaque watercolour on cotton, 1960 x 1420 mm
Courtesy of the Trustees of the British Museum, 1991,0311,0.1[1]

This large, almost life-size, painting on cloth is identified by a faint inscription on the painting as Maharana Karan Singh of Mewar (r. 1620–1628).[2] After the submission of Maharana Amar Singh I to the Mughals in 1615, his heir Karan Singh attended the imperial court at Ajmer, where he was treated with great honour by the Mughal Emperor Jahangir, 'although he was wild by nature and had never seen a royal court, having been raised in the mountains'.[3] Jahangir realised that it was vital to keep the allegiance of the Mewar Rajputs, and so showered the prince with gifts of all kinds, perhaps including the jewellery and jewelled dagger he wears in this painting.

Karan Singh is dressed in the Mughal style, with a side-fastening robe (*jama*) of fine white cotton, through which can be glimpsed his voluminous pink trousers (*paijama*). The *jama* is tied on Karan Singh's left side, as we can see from the row of decorative lappets shown along the left side of his chest: in a usage initiated by Akbar, it was traditional for Hindus to tie their *jamas* on the left and Muslims on the right, although this practice was not always followed. The robe is of the type called a *chakdar jama* ('jama with slits') as the hemline is cut to produce points at the sides, in a fashion popular at the Mughal court during Akbar's reign and a little later. Around his waist Karan Singh wears an elaborately decorated sash (*patka*) also of Mughal style, although its bird-and-leaf design seems to belong to a far later tradition than the geometrically patterned sections. His tightly wrapped striped turban is typical of the Mewar style. Karan Singh grasps his sword in one hand and holds a flower in the other: a pose often used in Mughal-influenced portraiture to suggest that the sitter combines war-like and cultivated qualities.

Large portraits of the Rajput rulers were made for display in royal palaces: some may have been painted directly onto walls, but the few which survive are on cloth.[4] It is likely that this painting was a nineteenth-century replacement for an earlier portrait of Karan Singh. An inventory number (25/16) from the Mewar royal collection is written in ink on the background[5] and in another inscription the price (*kimat*) is given as 25 rupees.[6]

1 Published: Topsfield, *Court Painting at Udaipur*, fig. 2.

2 The painting was acquired by the British Museum as being of Maharana Amar Singh I of Mewar (r. 1597–1620), and it does bear a strong similarity to an earlier painting on cloth of this ruler (illustrated in Sotheby's New York sale catalogue, 21 March 1990, lot 78A; present whereabouts unknown). The earlier painting was probably used as a template for this one, and details like the pendant and additional decoration on the sash were added to make a distinction between the two.

3 Thackston, *Jahangirnama*, p. 167.

4 See Jackson and Jaffer, *Maharaja*, pl. 1, for a somewhat earlier (probably early eighteenth-century) portrait on cloth of Maharana Amar Singh II of Mewar. The only two earlier examples to have come to light are the one mentioned above (n. 2) and a late seventeenth-century portrait of Maharana Jai Singh (r. 1680–1698) illustrated in *Selvage to Selvage*, cat. no. 6, now in a New York private collection. A large cloth portrait of Maharana Jagat Singh (r. 1628–1656) in Los Angeles County Museum of Art (acc. no. 85.283.5) appears to be a late twentieth-century version of this type.

5 See Topsfield, 'The Royal Paintings Inventory at Udaipur' for the numbering system of the Mewar paintings collection. '25' was the category number given to large portraits of the Maharanas (the V&A's Amar Singh is numbered 25/9, Jai Singh is 25/11). The numbering system seems to have been introduced during the reign of Maharana Fateh Singh (r. 1884–1930) but continued to be applied after his death.

6 See Seyller, 'For Love or Money' for a discussion of the valuations given on Mughal and Rajasthani paintings and the criteria that were applied to the valuation process.

42. Seth Manekchand, a wealthy merchant

Rajasthan, probably Jaipur, dated 1823
Opaque watercolour with gold and silver on paper, 735 x 550 mm
From the collection of Claudio Moscatelli[1]

This bold image of a Rajasthani merchant emulates a *jharokha* or balcony portrait of the type made popular by the Mughal emperor Jahangir (r. 1607–1627), who liked to appear before his subjects at balconies and windows in his forts and palaces. The *jharokha* portrait not only continued to be popular amongst the Mughal emperors themselves after Jahangir's time, but was also taken up with enthusiasm by the Hindu Rajput rulers of Rajasthan. It is highly unusual to see the form used for subjects other than local rulers or nobles, and this example of patronage by a member of the merchant classes poses some interesting questions about exactly who the patrons of portraiture in Rajasthan were in the later period.

The painting has an inscription on the reverse, which gives the sitter's name as '*sethaji sri Manak Chandji*' and the date of the painting as 1880 in the Hindu *vikram samvat* calendar, equivalent to AD 1823. The word '*setha*' or '*seth*' denotes a banker or money-lender, and a well-known *seth* called Manikchand was prominent in Bengal in the eighteenth century.[2] The man in this portrait may perhaps be of the same family, whose roots were in Rajasthan, or it could be intended as an imaginary posthumous portrait of the original Manikchand. He was obviously a wealthy man and his jewels are of a lavishness usually associated with royalty rather than the merchant class. He is shown dressed in a white cotton *angarkha* (a type of robe that fastens at the side of the neck, leaving a vertical gap exposing part of the wearer's chest) with floral designs: the white-on-white colour scheme recalls the fine *jamdani* weaves of Bengal. He is shown sniffing a rose in a gesture typical of portraits of nobles and rulers from all over India. The large scale and bold colouring of this painting recalls the *jharokha* portraits done for the rulers of Kutch in about 1725–1750, and similar portraits (although on a smaller scale) can be seen in the work of the Jaipur artist Gobind, who worked both in Jaipur and at neighbouring Alwar under Raja Bakhtawar Singh (r. 1791–1815).[3] Just as the Rajput rulers borrowed Mughal forms, including that of the portrait itself, for self-aggrandisement in their home courts, so here we see a member of a merchant community appropriating the portrait form for exactly the same reason. He would no doubt have displayed it prominently in his home to enhance his status amongst his peers.

1 Unpublished.

2 See Levi, *The Indian Diaspora in Central Asia and Its Trade*, p. 202.

3 For the Kutch portraits, see Goswamy and Dallapiccola, *A Place Apart*, frontispiece and pl. II, and for a group portrait by Gobind of the Alwar court, see Goswamy and Smith, *Domains of Wonder*, no. 116.

43. Raja Bhupat Pal of Basohli smoking a *huqqa*

Mankot, *c.*1685
Opaque watercolour on paper, 210 x 265 mm
Howard Hodgkin[1]

This bold image of a Pahari (hill) raja and his servant comes from the earliest stage of portraiture in the hills. The format, of two seated subjects facing each other, is based on that of portraits from the imperial Mughal court (see for example pl. 20), but the strong colours, striking clash of patterns and dynamic lines are all characteristic of Pahari rather than Mughal painting. The bright yellow background is a particular feature of portraits from the small state of Mankot, as is the subject of the *huqqa*-smoking ruler facing an attendant. Here, the strong diagonal line of the pipe of the *huqqa* makes a dramatic link between the ruler and his servant, who is depicted at a smaller scale in order to emphasise both his inferior social status and the impressive physical presence of the raja.

Bhupat Pal was founder and ruler of the small state of Basohli from 1598 to 1635. He was murdered in that year on a visit to Delhi, on the orders of the Raja of the neighbouring hill state of Nurpur, with whom Bhupat Pal had had a long enmity. Basohli was also a near neighbour of Mankot, where this portrait was painted, and the royal families later intermarried. Although this portrait is not inscribed with Bhupat Pal's name, we can recognise his distinctive profile, large physique and even his style of tying his turban from several other paintings.[2] The surviving portraits of Bhupat Pal seem to be posthumous, as they all date from the later part of the seventeenth century when portrait painting started to be taken up in the hills, so it appears that this impressive figure (who was reputed to be so strong that he could rub the lettering off a coin with his fingers)[3] was well remembered by not only the hill artists but also by his successors who wanted to honour his memory by having portraits painted of him.

1 Published: Topsfield and Beach, cat. no. 28.

2 See for example, Archer, *Indian Paintings from the Punjab Hills*, Mankot, 12, vol. II, p. 288; Topsfield & Beach p. 76, fig. 5; Goswamy, 'Essence and Appearance', fig. 7.

3 Archer, I, 17; Goswamy, p. 200.

44. Raja Siddh Sen of Mandi at worship

Mandi, *c.*1730–1740

Opaque watercolour on paper, 20.1 x 19.1 cm

Frits Lugt Collection, Institut Néerlandais, Paris, no. 1989-T.47[1]

The distinctive style, format and colouring of this painting, as well as the fact that it bears the stamp of the Mandi royal collection on the reverse, leave no doubt that it is from the hill state of Mandi in the eighteenth century (see also pl. 45). The sitter appears to be Raja Siddh Sen (r. 1684–1727; see also fig. 3, p. 37). He was known to be deeply religious, and his appearance tallies with other portraits of him.[2] An inscription on the reverse identifies the sitter as Shiva Jawala Sen, who co-ruled Mandi with his father Siddh Sen from 1719 to 1722, but this appears to be incorrect.[3]

All the Mandi rajas were devout Shaivites, and Siddh Sen is shown at worship (*puja*) before a *lingam*, the aniconic form of Shiva, emerging from a *yoni*, the emblem of the Goddess, or female principle. The *lingam* is adorned with a datura flower, sacred to Shiva, and in front of it are images of Shiva's bull, Nandi, and the Goddess's tiger mount. Accoutrements of worship, such as a conch shell, a bell, a peacock-feather fan and vessels for libation of the *lingam* are shown on the floor around the shrine. The devotee is sitting on a leopard skin, the traditional seat of yogis, and his right hand is concealed inside a prayer glove within which he is using a string of beads (*mala*) to recite the names of Shiva. His head and chest are adorned with thin garlands of flowers and rudraksha beads (a type of seed sacred to Shiva, used as prayer beads) and the tuft of hair at the top of his head is decorated with the same datura flower as the *lingam*. The mark (*tilak*) in the form of a crescent moon drawn in ash on his forehead is another allusion to the god Shiva.

1 Published: *The Courts of India*, cat. no. 95.

2 See for example Archer, vol. II, pp. 262–3, 268, for Siddh Sen's appearance.

3 See Archer, vol. II, p. 264, no. 7, for a portrait of Jawala Sen.

45. Raja Shamsher Sen of Mandi with companions in women's clothes

Mandi, *c.*1730

Opaque watercolour on paper, 300 x 196 mm

Museum Rietberg Zurich. Bequest Collection Alice Boner. Acc. no. RVI 1295.[1]

Shamsher Sen was ruler of the small hill state of Mandi from 1727 to 1781. Unlike the larger-than-life figure of his predecessor, his grandfather Siddh Sen (see pl. 44), Shamsher Sen is often portrayed as small in stature, rather weak-looking and with a curiously hesitant manner, much as he is shown in this intriguing portrait. Here, he wears a white *dhoti* (wrapped garment) and a red shawl, and he has a leopard skin draped over his shoulders. Animal skins are usually associated with yogis rather than people in positions of worldly power, and it is likely that Shamsher Sen is using it here to suggest that his true nature is closer to that of a holy man than a king. The leopard skin appears in at least one other portrait of Shamsher Sen, so it seems to have been a genuine feature of his dress rather than merely a symbolic one used for this portrait.[2]

Shamsher Sen is holding the arm of a curious figure who appears to be a man wearing the typical female dress of the Hills: a gathered skirt, blouse and head-cover. What the relationship is between them is unclear, but the transvestite figure seems to be solicitously leading Shamsher Sen, who does indeed look frail, if not actually ill. It has been suggested that they are enacting the roles of Shiva and Parvati as wandering mendicants.[3] The ruler provoked disapproving comments from his contemporaries about the company he kept: he was said to have fallen 'under the evil influence of people of low social status who used their power to their own advantage',[4] so perhaps this is one of the characters from the margins of society whose friendship was not considered suitable for a ruler. The pair is accompanied by a younger male attendant, also in female dress, proffering a handkerchief and a spittoon.

The portrait is painted in the distinctive style of Mandi in the eighteenth century, with a dull slatey-blue background, a high horizon suggested by streaky clouds and a limited palette dominated by earthy red tones. Faces are painted with rather clumsy features and heavy shading and are very different to the more overtly attractive styles developed by artists in other hill centres like Guler and Basohli around the same time.[5]

1 Published: Goswamy and Fischer, *Pahari Masters*, cat. no. 81; Archer, *Indian Paintings from the Punjab Hills*, vol. I, p. 358.

2 Goswamy and Fischer, op. cit., pl. 82.

3 Archer, op. cit., vol. I, p. 358.

4 Hutchison-Vogel, quoted in Archer, op. cit., vol. I, p. 347.

5 See, eg., Archer, op. cit., pls. 86–129 for paintings by Pandit Seu of Guler and his sons Manaku and Nainsukh.

46. Raja Balwant Singh looking at a painting with the artist Nainsukh

Jasrota, by Nainsukh, *c.*1745–1750
Opaque watercolour on paper, 210 x 300 mm
Museum Rietberg Zurich. Gift of Balthasar and Nanni Reinhardt, Barbara and Eberhard Fischer. Acc. no. RVI 1551.[1]

The group of portraits painted by Nainsukh between about 1740 and 1763 for Raja Balwant Singh of Jasrota form one of the most appealing and significant landmarks of later Indian painting. Nainsukh was born *c.*1710–1720 in Guler in the hills of today's Himachal Pradesh. He came from a family of artists, and would have learned under the supervision of his father, Pandit Seu. We know nothing of his career until about 1740, when he was already working for princely patrons in Jasrota, a tiny principality in the hills which was within the domain of the state of Jammu. He remained in the service of Balwant Singh until the prince's death in 1763.

Balwant Singh was a minor prince even in the small world of Jasrota, and perhaps it was the lack of the formality and pomp associated with major royal houses that allowed Nainsukh to show his patron in so many different aspects of his everyday life. Surviving portraits show Balwant Singh having his beard trimmed (see fig. 2, p. 36), writing a letter in a tent, smoking his *huqqa* in a garden, examining the points of a horse, walking on the ramparts of his fort, hunting with hawks, listening to music, worshipping, relaxing in front of a fire, inspecting construction of a building, and gazing out of a window.[2]

In this more formal and beautifully observed painting, Balwant Singh is shown holding a painting of the Hindu god Krishna (recognisable by his blue skin) while smoking a *huqqa*, which is wrapped in a cloth bag. The elderly man seated in front of Balwant Singh may be the artist of the Krishna painting, as an inscription on the reverse of the page translates as 'Raja Balwant Dev [another name for Balwant Singh] seeing the picture of Krishna. The painter of pictures is sitting on the opposite side.'[3] But standing behind the prince is Nainsukh, the artist of the painting itself, whom we can recognise from an earlier self-portrait which shows his distinctive profile.[4] His respectful pose suggests that Nainsukh is offering his opinion on the painting or perhaps he is making a petition on behalf of the artist.

The group of three musicians facing Balwant Singh are all playing their instruments while the picture is being viewed: a drum, a *tanpura* and a *morchang*, or Jew's harp, played by twanging a curved strip of metal held in the mouth. The portraits of the musicians, the standing attendant and the seated artist are just as carefully painted as that of the ruler or of Nainsukh himself. This meticulous portraiture grew out of later Mughal painting, especially that done for Emperor Muhammad Shah (see pl. 30). It can also be seen in another work by Nainsukh (pl. 47).

1 Published: Archer, *Painting from the Punjab Hills*, vol. I, p. 198, vol. II, p. 142; Desai, *Life at Court*, cat. no. 86; Goswamy and Fischer, *Pahari Masters*, cat. no. 117; Goswamy, *Nainsukh of Guler*, cat. no. 39.

2 All these paintings are illustrated in Goswamy, op. cit.

3 Ibid., p. 126.

4 In the Indian Museum, Kolkata, acc. no. 659. Illustrated in Goswamy, op. cit., pl. 1.

47. Raghunath Pathania

Probably Guler region, attributed to Nainsukh, *c.*1760–1765
Brush and ink heightened with watercolour and gold on paper, 257 x 186 mm
Sven Gahlin[1]

We do not know anything about this serious-looking, portly man except his name, Raghunath Pathania, which is written in a casual Takri script across the top of the page.[2] We can assume that he is a Hindu holy man: his lack of clothing, tuft of hair and meditative expression all contribute to this identification rather than that of a wrestler, for example, for which his bulk and near-nakedness might also be appropriate.

The Pathania clan was a Rajput dynasty (not to be confused with the Muslim Pathans of the North-West Frontier and Afghanistan) which founded the house of Nurpur, very close to Nainsukh's home state of Guler. It is possible that Raghunath was a member of the allied branch of the Pathania family at Reh in Kangra district and that he had become a holy man.[3]

The painting is attributed to the artist Nainsukh (see also pl. 46) who worked in the hills of what is now Himachal Pradesh from about 1740 to the 1760s. Although the work is not signed, this intensely observed study is typical of Nainsukh's extraordinary talent. His portraits of ordinary people, such as the servants and musicians in the household of his long-term patron Balwant Singh, are magnificent character studies and finely observed likenesses. Here, he has painted the face, head and skin of Raghunath Pathania with exceptional subtlety and humanity.

Nainsukh obviously wanted viewers to concentrate fully on the figure of the man in this painting: he has pared away all but the smallest of extraneous details. An interior space is suggested by a simple horizontal line, and the only other things in the painting are a brass ewer and a wooden walking stick – or perhaps a meditation crutch on which he can lean while performing an act of penance involving standing for long periods. The faint outline of a cloth around Raghunath's back suggests that he also carried some sort of shawl, which perhaps Nainsukh decided in the end not to include.

1 Published: *In the Image of Man*, cat. no. 272; Goswamy, *Nainsukh of Guler*, cat. no. 85.

2 Read by B.N. Goswamy and published in Goswamy, op. cit., p. 220.

3 B.N. Goswamy has suggested that it is unlikely that Raghunath came from the main branch of the Pathania clan at Nurpur, as he is not accorded any honorific or title in the inscription. (Personal communication, 12 May 2009.)

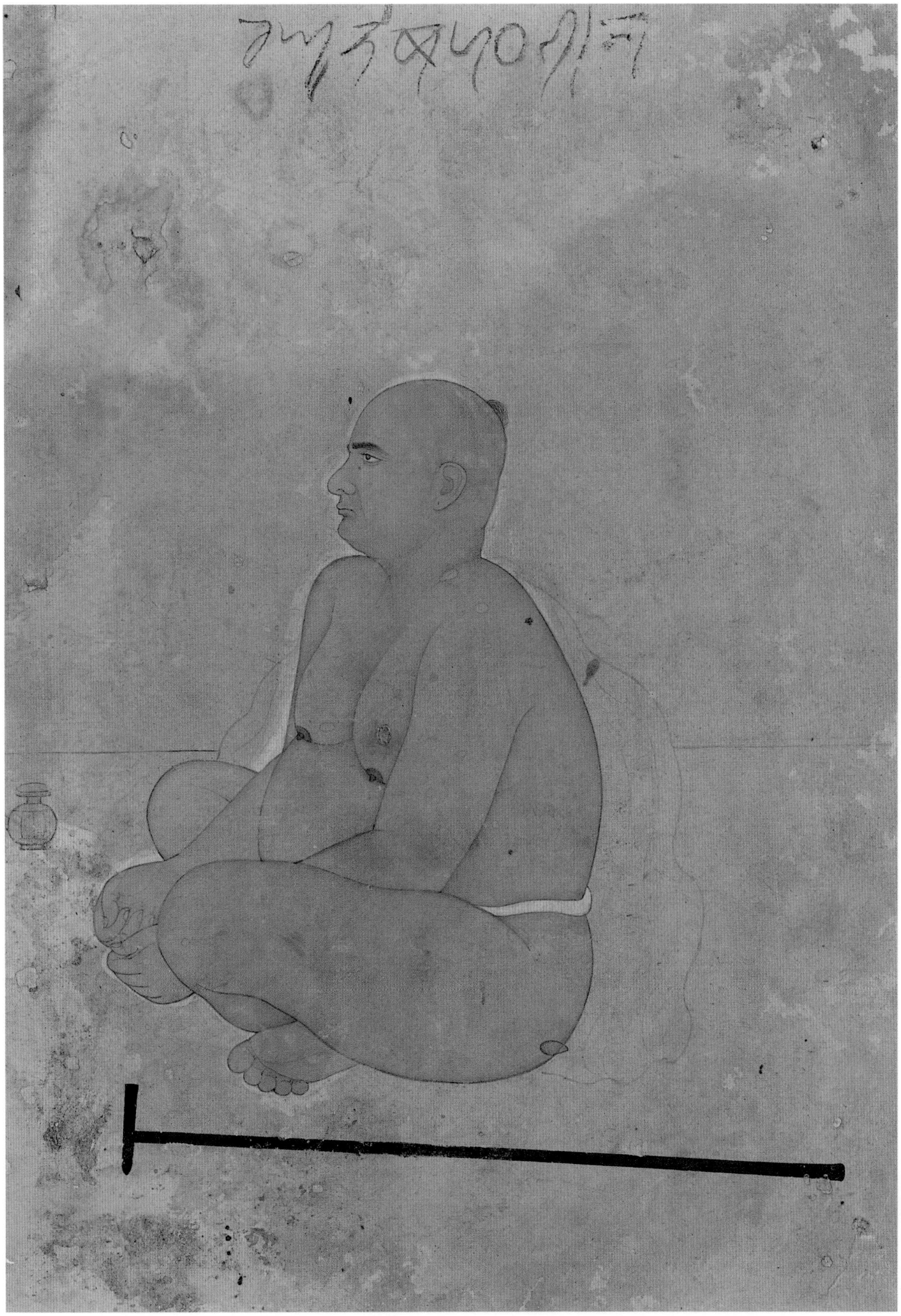

48. Raja Raj Singh of Chamba with his children and attendants

Chamba, possibly by Nikka of Guler, *c.*1785–1790
Opaque watercolour on paper, 201 x 147 mm
Frits Lugt Collection, Institut Néerlandais, Paris, no. 1991-T.24[1]

Portraits of rulers affectionately playing with their children are rare, but here we see Raj Singh, the ruler of the Hill state of Chamba from 1764 to 1794, gazing lovingly at his smaller son who tugs his beard, while his older son sits beside them and his small daughter runs up with outstretched arms.[2] In spite of the apparent intimacy of the occasion, three of Raj Singh's retainers are present, one holding his hunting hawk. Another visitor is a Gaddi or shepherd, wearing the distinctive pointed felt hat of that community, who is offering a goat to the ruler, perhaps as a sacrifice to the goddess Chamunda, of whom Raj Singh was a devotee. The Goddess is said to have promised him twelve extra years of life, and the honour of dying in battle: which he did in 1794.[3] Perhaps a special ritual at the Chamunda temple involving one of the sons is about to take place.[4]

The painting is done in a style that owes an obvious debt in its sense of intimacy and its observation of detail to the work of the great Pahari (hill) artist Nainsukh (see pls. 46 and 47). We know that Nainsukh's third son, the artist Nikka (*c.*1745–1833), worked for Raj Singh in Chamba and was granted land by him[5] and, although no painting inscribed with Nikka's name has yet come to light, it seems likely that this portrait of his patron could have been painted by him. Nikka's son Chhaju is also known to have painted several portraits of Raj Singh, including one in which he is gazing fondly at his queen.[6]

1 Published: Gahlin 2002, no. 41.

2 See Archer, *Indian Paintings from the Punjab Hills*, vol. II, p. 63, no. 40, for a slightly earlier portrait of Raj Singh with his eldest son Jit Singh held by his mother.

3 Ibid., vol. I, p. 667.

4 Suggested by Sven Gahlin in *Couleurs de l'Inde*, p. 66.

5 Gahlin, op. cit.; Goswamy and Fischer, *Pahari Masters*, p. 309.

6 Archer, op. cit., vol. II, p. 65.

49. William Fullerton seated on a terrace

Patna, Bihar, by Dip Chand, *c.*1764
Watercolour on paper, 264 x 226 mm
Victoria and Albert Museum, no. IM 33-1912[1]

A European dressed in mid-eighteenth-century costume reclines at his ease against a bolster on a rug. He is giving his orders to his steward while behind stand two attendants with flywhisks. He holds the snake of a *huqqa* which forms the most conspicuous object in the foreground. Despite the somewhat strained look he exhibits, there is no doubt that he was happy to have himself portrayed in this totally Indian way. The sitter's affinity with the people and customs of India along with the evidence of the artist identifies him as William Fullerton (*c.*1725–1805).[2]

Fullerton was an East India Company surgeon who served in Bengal and Bihar from 1744 to 1766, leading a somewhat adventurous life for a medical man. He was Second Surgeon in Calcutta at the time of its capture by Nawab Siraj al-Daula in 1756 and was one of those who escaped down river, thereby escaping incarceration in the Black Hole. Moved to Patna in 1760, he was the only Briton to survive at the Battle of Mohsinpur near Patna in 1760. He returned to Europe for two years and, on his return to India in 1763, was appointed surgeon to the Patna Agency. Again he was the sole survivor of the massacre of the English at Patna in 1763 during the war with Nawab Mir Qasim of Bengal (r. 1761–1763). He resigned the service in 1766 and returned to Scotland. His efforts to shake the pagoda-tree in India were highly successful: for his sufferings in the siege of Calcutta in 1756 he was compensated with nearly £30,000, while he later speculated heavily and successfully in saltpetre from Bihar.[3]

The painting is signed on the back *dastkare dip chand musavvir* ('the handiwork of Dip Chand the painter'). There was no indigenous school of painting at Patna at this time and Dip Chand must have come to Patna with the Nawab Mir Qasim, but remained there after the Nawab left for Avadh. Fullerton was unusual for the number of his Indian friends and his facility with the languages and customs of India, thereby it would seem saving himself in 1763. Fullerton made use of Dip Chand's services to take portraits of many of his friends, as many of the paintings from his collection are inscribed on the back *W.F. 1764*. While Fullerton was happy to have himself portrayed in an Indian manner, paradoxically many of his Indian friends and servants are portrayed perched on European chairs.[4]

1 Published: Skelton, 'Murshidabad Painting', pl. 11; Welch, *Room for Wonder*, no. 1; Archer, *Company Paintings*, no. 37.

2 His name was consistently misspelled 'Fullarton' in the art-historical literature until corrected by Archer in 1992 on the basis of Crawford's *History* and the medical rolls in the India Office Records.

3 Crawford, *A History of the Indian Medical Service*, pp. 178–96.

4 *Arts of Bengal*, no. 88; Falk and Archer, *Indian Miniatures*…, nos. 399i–ii; Losty and Leach, *Mughal Paintings*…, nos. 27–8.

دستکاری دیپچند مصور

50. John Wombwell smoking a *huqqa*

Lucknow, *c.*1785–1790
Watercolour on paper, 323 x 285 mm
Frits Lugt Collection, Institut Néerlandais, Paris, no. 1970-T.36[1]

John Wombwell (*c.*1755–1795) is a somewhat shadowy individual who owed his good fortune to his cousin and patron Sir George Wombwell (1734–1780), Chairman of the East India Company from 1777 to 1779. Young John petitioned to join the Company's civil service in 1775, and in 1777 his powerful cousin set up for him a lucrative post in Lucknow: 'Accountant at Lucknow and Paymaster General beyond the Province' and 'Paymaster to the Nabob's Troops under British Officers', as it was described in 1785.[2] He paid all these sums from the Nawab's treasury and took a commission on the amounts paid out. It is not clear when he actually reached Lucknow, probably about 1780 or just before: two children, a George and a Sophia, on 6 December 1781 were baptised together at Kanpur, then the nearest British station with a church and priest.

He found congenial intellectual company in Lucknow. He appears in two paintings by Johan Zoffany (1733–1810) of *Colonel Mordaunt's Cock Match* of 1784–1786, as well as *Colonel Antoine Polier with his Friends Claude Martin, John Wombwell and the Artist* painted in 1786 or 1787.[3] He acted as host to Ozias Humphry when that artist was in Lucknow in the early part of 1786. He seems to have accompanied Zoffany on his journey to Agra and Delhi in the autumn of 1786 to inspect the Mughal monuments of those cities.[4] And while we have no idea of whether he collected paintings and manuscripts as his friends Martin and Polier did, he certainly was the subject of one of the finest of all Lucknow artist's portraits at this time (see fig. 4, p. 44).

Something of the qualities of the earlier portrait have been transferred to this one. Both portraits are remarkable in an Indian context for their precise delineation of space. Here the viewpoint has been lowered from the normal Mughal one so that both bolster and rug are seen in perspective enabling the eye to travel deep into the picture across the river Gumti and into the distant landscape. The minute trees are characteristic of the work of both Dip Chand and of Mihr Chand but here they are rendered in progressively fainter washes in aerial perspective.

1 Published: *The Courts of India*, no. 54.

2 Archer, *India and British Portraiture*, p. 449.

3 Ibid., pp. 148–57.

4 Ibid., pp. 196, 157.

51. Lady Impey supervising her household

Calcutta, attributed to Shaikh Zain al-Din, *c.*1780
Watercolour on paper, 455 x 533 mm
Private Collection[1]

Sir Elijah Impey (1732–1809), the newly appointed Chief Justice of Bengal, reached Calcutta with his wife Mary in 1774. Until his recall in 1783, they lived in a great house in a park south of what is now Park Street. Lady Impey (1749–1818) indulged her ornithological pursuits by collecting specimens of the fauna of India and had three artists originally from Patna (whither they must have migrated in 1763 with Dip Chand, see pl. 49) draw them for her between 1777 and 1782.

Lady Impey is seated on a low stool in her dressing room, dressed in a long gown and a stringy type of turban. A pageboy fans her and a gentleman – who is possibly the *munshi* (interpreter) Gunsham Dass brought from England – stands behind her, while a bowing servant hands her a different turban. The European man is possibly John Berg, Sir Elijah's personal servant.[2] Beside him stands a man who must be the *sarkar* (steward), directing the proceedings. The painting sums up in microcosm the later preoccupations of the British in India in documenting different Indian types and occupations. To either side stand a pair of *chobdar* and *soonta burdars* (silver-stick and mace bearers), employed just to signify a person's importance even here in the intimacy of the household. A group of *darzis* (tailors) is engaged on the floor sewing sheets and handkerchiefs, while beyond another pair of older men, one with spectacles and needing a crutch to lean his elbow on, is engaged in some delicate embroidery work. A gardener at the front presents a basket of produce to the cook. The elegant room reflects the descriptions given in Mrs Jemima Kindersley's celebrated letters from Calcutta, written in 1768.[3]

The principal artist of Lady Impey's great series of drawings was Shaikh Zain al-Din and it is to his hand that this painting of his patroness may be attributed. A companion piece showing the Impey children in their bedroom is not so fine.[4] It may be the work of one of the other artists, Ram Das or Bhawani Das. It is not difficult to infer the standard Murshidabad terrace scene behind the layout of the characters in this study (fig. 1, p. 42 and pl. 49). As usual, Lady Impey is drawn on a somewhat larger scale than the other figures. Zain al-Din is interested in the effects of light – it comes from the open windows on the left casting shadows, especially from the wheel-back chair on the right. The perspective, while not linear, is beautifully observed in the Indian manner. Zain al-Din has had particular fun with the carpet, showing us his virtuosity in pattern-making, with the front border viewed in plan and the rest of it viewed in perspective.

1 Published: Welch, 1978, fig. 3; Welch, *India*, no. 281c (reversed).
2 Impey, *About the Impeys*, p. 25.
3 Kindersley, *Letters from the East Indies*, quoted in Losty, *Calcutta*, p. 38.
4 Welch, *India*, no. 281d.

52. Tilly Kettle painting Nawab Shuja' al-Daula and his sons

Lucknow, *c.*1820
Opaque watercolour on paper, 364 x 542 mm
Victoria and Albert Museum, no. IS 5-1971[1]

Shuja' al-Daula (1754–1775), the Nawab Vizier of Avadh, stands surrounded by his ten sons, with his eldest son and heir Asaf al-Daula (Nawab 1775–1797) beside him. He and his eldest son are richly dressed in heavy *jamas* with fur tippets, and wear boots and fur hats as do the rest of the sons. They appear to be standing in a courtyard in front of a Mughal arcade of cusped arches that leads farther back into the palace at Faizabad, which was the capital of Avadh in 1765–1775, during the last decade of the Nawab's rule.

The British artist Tilly Kettle (1735–1786) visited Faizabad from 1772 to 1773 and painted various portraits of the Nawab and his court.[2] Kettle's original version of Shuja' al-Daula with his ten sons is now lost but was copied by at least two Avadhi artists Nevasi Lal and Mihr Chand almost immediately for the Frenchman Jean-Baptiste Gentil and the Swiss Antoine Polier respectively.[3] The copies show the sitters in summer costume so it is possible that another version was made by Kettle showing them in winter costume as here. Our version is much later and also has the additional conceit of portraying the artist actually painting the picture and turning round to look at the viewer.

In 1814, Robert Home (1752–1834) was appointed court artist to the Nawabs of Avadh and remained in Lucknow until 1827, when he retired to Kanpur after the death of the Nawab Ghazi al-Din Haidar (1814–1827). It is possible that Robert Home intervened in Kettle's original, since oil paintings in the Indian climate needed regular attention. He perhaps altered the costumes and even added the artist's portrait. Kettle is not a complex artist and this is possibly a conceit picked up by Home from Zoffany's paintings of Colonel Polier and his friends painted 1784–1786, in which Zoffany turns round from the canvas he is painting to look at the audience, and versions of which may have remained in Lucknow. The rich saturated colours and overall dark tonality combined with the presence of white highlights suggest the artist is attempting to copy an oil painting.

1 Published: Archer, *India and British Portraiture*, pl. 36; Guy and Swallow, *Arts of India*, pl. 154.

2 Archer, op. cit., pp. 72–84.

3 Ibid., pls. 33, 34.

53. Recruits to the regiment of Skinner's Horse

Delhi, 1815–1820
Opaque watercolour on paper, 250 x 375 mm
The British Library, Add. Or. 1261[1]

Six young men are standing in a row ranged pleasingly across a strip of land. These are not the powerful and the privileged, as usual in Indian portraiture, but rather peasants. The English inscription calls them *Jats*. The painting is a second version of one in the Fraser albums, which gives us far more information.[2] It is inscribed in William Fraser's hand: 'All troopers some in vil[lage] dresses some in regimentals' and gives their names from left to right: Ram Dayal a Jat, Ramu a Rajput, Phulu a Jat, Ram Sahai a Gujjar, Rup Ram a Gujjar and Adh Ram a Jat. Jats and Gujjars are the peasant castes of the areas south and west of Delhi, wiry, tough men who had for years ventured out of their fortified villages to try to scrape a living from soil that was regularly plundered by the hordes of marauders preying on the area round Delhi and Agra.

The painting comes from the Skinner Album, an album of drawings commissioned and assembled in the 1820s by James Skinner (see pls. 54 and 55), some of which are versions of paintings in the Fraser albums. Paintings in all these albums show some of these men as they came in from the surrounding area to be recruited for the second regiment of Skinner's Horse which Skinner founded in 1814. Most of these here show some military paraphernalia, whether sword or spear. One seems to be in undress uniform, while another is dressed in the full uniform of tall shako and yellow surcoat or *kurta* (which gave the regiment its name of 'The Yellow Boys') worn over a black jacket with red frogging. The sword belt, missing here, that Kala (pls. 54 and 55) seems so reluctant to put on is of course worn round the waist of the tunic underneath the yellow surcoat.[3]

The initial portrait studies by the Fraser artists such as pls. 54 and 55 could be arranged in a row, slightly overlapping as here, with either a rudimentary landscape below or poised against the plain paper. Such linear groupings are not traditional in Indian painting and are the result presumably of James Fraser's instructions to his artist based on his own preliminary sketches.[4] Other such groupings included the Frasers' clerical staff, Afghan horse traders and courtiers of local noblemen.

Although the second versions in the Skinner Album are slightly less finely executed than those in the Fraser albums, it seems best to regard them as being painted more or less contemporaneously with the original versions. These had all been sent from Delhi to James Baillie Fraser in Calcutta by 1819 and hence were no longer available for copying.

1 Published: Archer, *Company Drawings…*, no. 169xix; Archer, M., *Between Battles*, no. 3.
2 Archer and Falk, *India Revealed*, no. 57.
3 Ibid., pl. 18.
4 Ibid., p. 45.

Jats.

54. Kala after killing the tiger

Delhi, *c.*1815–1816
Opaque watercolour on paper, 379 x 249 mm
The David Collection, no. 58/2007[1]

Kala was one of the favoured soldiers in the regiment of Skinner's Horse, who also attended on James Skinner and William Fraser as an orderly. The drawing is inscribed on the cover paper: *Kala after cutting down the Tyger but then he was a lad of 19 – in 1810 without beard.* Five or six years later, when he had the services of an artist, William Fraser had him drawn as he remembered him: in heroic pose after presumably saving his life. Fraser was an ardent hunter of big game, of lion and tiger on foot, but was induced to give it up and to hunt only on an elephant instead through the urgent entreaties of his parents in Scotland. Another portrait of Kala in the Fraser albums calls him 'Kala or Dhurum Chund, by birth a Rose, of vil. Datchour, district Kurnal, now a Trooper'.[2] In that portrait he appears beside his nephew Amichand, another favoured youngster, who also saved William Fraser's life in 1819, this time from an assassin.[3]

Kala's two full-length portraits, done in 1815–16 (see also pl. 55), are among the most accomplished of the single-figure studies in the Fraser albums. Here he stands prepared for action, wearing just a *dhoti*, his sword drawn from the scabbard which he holds in his left hand along with his sword belt. All the single-figure studies in the Fraser albums of troopers or potential troopers are always poised against a plain background as here with just a hint of a shadow. In the traditional Indian way, their portraits could then be combined into compositions with the use of *charbas* or pouncing.

Noticeable in many of the drawings from the Fraser albums is the amount of bare male flesh. Although Indian men, even peasants, did not then go around with bare torsos any more than they do today, the Frasers' artist clearly delighted in painting many elegantly poised single figures and groups in this way. For the first time in nearly 200 years since the Mughal artist Govardhan's studies of ascetics it is possible to sense an Indian artist's delight in painting the human figure and to appreciate his subtle mastery of the volumes of the human body.

1 Published: Archer and Falk, *India Revealed*, no. 63.

2 Archer and Falk, op. cit., no. 61.

3 Ibid., pls. 18, 59, 61, pp. 40–5.

55. Kala in the uniform of Skinner's Horse

Delhi, *c.*1815–1816
Opaque watercolour on paper, 397 x 254 mm
The David Collection, no. 59/2007[1]

Here Kala (see also pl. 54) is dressed in the uniform of Skinner's Horse: black jacket with red frogging and a tall shako, and wearing a red and saffron cummerbund, but without the yellow surcoat which gave the regiment the nickname of the 'Yellow Boys.' (For that, see pl. 53.) He is still holding his sword and belt, suggesting that they are not worn with a cummerbund, hence he is presumably acting as an orderly here. The light from the upper left hits his body in exactly the right place to cause the shadows.

The young men of these studies were recruited into Skinner's Horse, the first irregular regiment of cavalry in the East India Company's army. Founded originally by the half-Scottish, half-Rajput James Skinner (1778–1842) in 1803 when he came over to the British side from being a mercenary leader for the Marathas, the regiment was employed in the pacification of the Delhi area after the British takeover. Skinner founded a second regiment in 1814 at the time of the Anglo-Nepal war and it is the recruits for this new regiment that are normally being depicted in these studies.

The identity of the principal artist working for the Frasers is unknown. The brothers' letters and diaries refer only to their artists and never give their names, with the exception of just three paintings in a different style, which they credit to the Patna artists Lallji and his son Hulas Lal.[2] Speculation on the name of the major artist centred on Ghulam 'Ali Khan, until the discovery of two signed drawings of 1817 and 1822 which show him to have begun his career as a topographical artist with a very indifferent command of figural drawing.[3] His earliest signed portraits, of Akbar II and his son Mirza Salim of 1827 – admittedly on ivory – bear no resemblance to the work of the major Fraser artist.[4] It is only with his paintings of Skinner's *durbar* and farm at Hansi in 1827 that he begins to exhibit the elegant stylisations and elongations that characterise his other work for Skinner and later patrons.[5]

1 Published: Archer and Falk, *India Revealed*, pl. 2.
2 Archer and Falk, op. cit.
3 See Bautze, *Interaction of Cultures*, no. 67, for the 1817 painting. Both are in the British Library. The 1822 painting (Add. Or. 4693) is unpublished.
4 Archer, *Company Drawings…*, no. 175.
5 Bayley, *Raj*, no. 180.

56. A group of courtesans

Delhi, *c.*1820

Opaque watercolour and gold on paper, 260 x 312 mm

San Diego Museum of Art, Edwin Binney 3rd Collection, 1990:395[1]

Five young women are resting in a chamber in a house in Delhi and are being attended by an older lady on the left. Their attire and stance indicate that they are courtesans. They are wearing their 'off-duty' or 'indoor' costume (*khanagi*) of loose-fitting pyjamas and bodice with shawls draped around their upper bodies. The thickness of some of the shawls and the non-functioning punkah above their heads suggest that it is winter. One of the ladies is smoking from a *huqqa*, while another has a hand-held water-pipe (*nargila*). The older attendant has a *pandan* (box) for preparing *pan* (betel-quids) in front of her. The *pan* have been placed in the container in front of the ladies. Spittoons dotted about indicate that they are all chewing betel. The setting suggests a large chamber in the *zenana* (women's quarters) of a mansion in Delhi looking onto a courtyard or veranda that can be closed off for privacy by the rolled-up screens. The setting is naturalistic but not drawn in accordance with linear perspective, a European trick of little interest to Indian artists.

We can be definite about the name of only one of these ladies: the standing figure on the right is Pyare Jan, who was portrayed in 1815 by one of the Fraser artists in the same stance but reversed.[2] It is possible that other ladies depicted for the Frasers such as Amir Bakhsh, Kandar Bakhsh and Malagir are also present in the picture, but their different stances make identification impossible.[3] Whereas the Fraser women are depicted individually staring out at us with a frankly appraising gaze, these ladies, even Pyare Jan, have withdrawn into the interiorising, self-absorbed world of Mughal portraiture. Nonetheless, this group portrait is an outstanding example of the increasing range and sophistication in Delhi portraiture in the nineteenth century, remarkable for the subjects' loosened-up stances and their combination into a pleasingly informal composition.

Courtesans (*tawaifs*) occupied an honoured place in the Muslim cultures of India, especially in Lucknow and Delhi. They were trained to be women of great refinement, skilled in music and dancing, and appreciative of courtly literature in Persian and Urdu. Their company was eagerly sought by the great men of Delhi, and they would entertain their visitors by performing a *nautch* (dance). William Fraser obviously introduced his brother James to such ladies and he was sufficiently well acquainted with them to have their portraits taken.

1 Published: Goswamy and Smith, *Domains of Wonder*, no. 117.

2 Archer and Falk, *India Revealed*, pl. 128.

3 Ibid., pls. 15, 125–7.

57. Sahib Jan

Banda, Bundelkhand, by Uday Ram, 1809
Opaque watercolour and gold on paper, 812 x 660 mm
From the collection of Claudio Moscatelli[1]

The Urdu inscription gives this formidable lady's name as Sahib Jan, the 'inseparable mistress' of Nawab Shamsher Bahadur. Her portrait was painted by Uday Ram, 'painter in the kingdom of Bundelkhand at Banda on 6 Rajjab 1224 of the Hijra' (17 August 1809).

Shamsher Bahadur II was the son of 'Ali Bahadur (1758–1802), the grandson of the last Maratha Peshwa Baji Rao II and his wife Mastani, and the son of Shamsher Bahadur and his wife Mehrambai. The Marathas had been in control of Bundelkhand for much of the eighteenth century until local Bundela chiefs managed to establish some independence. From their base at Banda, east of Gwalior, Ali Bahadur and his ally Himmat Bahadur Gosain tried to re-take control of Bundelkhand from its local chieftains. Ali Bahadur died trying to capture the fort of Kalinjar in 1802. Following the British defeat of the Marathas and the capture of Delhi in 1803, his son Shamsher Bahadur was given the principality of Banda in 1804, much against the wishes of the local inhabitants.

This monumental portrait is one of the earliest dated Indian responses to British artistic influence on Indian portraiture. While artists such as Ghulam Murtaza Khan (fig. 5, p. 45) betray subtle influences such as turning the head of the Emperor around in 1810, the rest of his work sits within a Mughal tradition of portraiture. Here Uday Ram has thrown traditional norms of Indian portraiture out and attempted to produce a portrait in the European manner on a large scale. She sits there confidently and stares out at us in the manner of the women done by the Fraser artist (pl. 56). Uday Ram attempts to model and shade her volumes in the European way and provides a sort of impressionistic landscape background, but gets carried away with the skyscape, possibly influenced by the multicoloured skies of late eighteenth-century Lucknow painting. Indeed it is possible that he has been influenced directly by Lucknow artists' portrayals of dancing girls based on paintings done by Tilly Kettle in Faizabad in 1772–1773.[2]

1 Published: Sotheby's Catalogue, 23 May 2005, lot no. 131.
2 Archer, *India and British Portraiture*, pl. 31 for a Tilly Kettle original and pl. 37 for a Lucknow artist's version.

58. Bahadur Shah II enthroned

Delhi, attributed to Ghulam 'Ali Khan, 1838
Opaque watercolour and gold on paper, 357 x 426 mm
The Nasser D. Khalili Collection of Islamic Art, MSS 987[1]

The Mughal Emperor Bahadur Shah II (b. 1775, r. 1837–1858, d. 1862) is seated on a golden lion-throne. To his right stands his second son, Mirza Fakhr al-Din (1816–1856), and to his left a younger son, Mirza Farkhunda (*c.*1830–1842). The attendant's name is given as Mirza Mughal Beg Khan Bahadur. The setting is the private apartments in the Red Fort in Delhi and the throne is placed in front of Shah Jahan's Scales of Justice in the *tasbih-khana*. A carpet has been laid across the River of Paradise which flows in a channel through the palace, and the marble grill under the Scales of Justice has been covered with a blue hanging. Bahadur Shah was already sixty-two when he succeeded his father, Akbar II, in 1837. A man of great culture and a poet and calligrapher, he presided over a Delhi in which flourished an important school of poetry in Urdu. Twenty years later, he became the titular head of the rebels in the Indian Mutiny. Its eventual suppression resulted in his own exile in 1858 to Rangoon, where he died in 1862.

Three versions of this painting are known, all of them dated May–June 1838. One of them is signed by the court artist Ghulam 'Ali Khan.[2] The other two, including this one, are undoubtedly by the same artist, since no other artist at the time could have replicated the brilliance of the signed version.[3] Ghulam 'Ali Khan is as adept at imperial symbolism as any of Jahangir's artists. The lion-throne is an ancient Indian symbol of kingship, which may or may not have corresponded to an actual piece of furniture.[4] The attendant's *morchhal* (peacock-feather fan) precisely centres on the fulcrum of the Scales of Justice. Here the Emperor (as 'big eyed and disembodied as a Byzantine icon' in Welch's memorable description) has become the dispenser of justice.

In this accession portrait, symbolising imperial splendour and dynastic inheritance, Bahadur Shah shows his desire to make Fakhr al-Din heir-apparent (*vali 'ahad bahadur*). His paymasters in Calcutta, however, saw no reason to override the claims of the eldest son Mirza Dara Bakht until after his death in 1849, when Mirza Fakhr al-Din was eventually recognised as heir-apparent in 1852. The same desire can be seen again in a contemporary full *darbar* (court scene) painting dated 1839. The same two princes and the attendant of this portrait are depicted as a group to the right of the Emperor's throne and Mirza Dara Bakht is relegated to the less favoured left hand side.[5]

1 Published: Goswamy and Fischer, *Wonders of a Golden Age*, no. 105; Leach, *Paintings from India*, no. 45.
2 Soudavar, *Art of the Persian Courts*, no. 142.
3 For the third version, now in the Museum of Islamic Art, Doha, see Welch, *Imperial Mughal Painting*, no. 52.
4 For Jahangir's lion-throne, see Brown, *Indian Painting under the Mughals*, frontispiece; Schmitz and Desai, *Mughal and Persian Paintings and Illustrated Manuscripts...*, pl. 4. Similar pieces were made for various Indian potentates in the nineteenth century.
5 Known in two versions in Dublin and San Diego: Leach, *Mughal and other Indian Paintings...*, no. 8.58, and Pal, *American Collectors of Asian Art*, p. 109.

59. Maharaja Gulab Singh of Jammu and Kashmir

Lahore, *c.*1845
Opaque watercolour and gold on paper, 262 x 207 mm
Victoria and Albert Museum, no. IS 194-1951, purchased with the assistance of Lady Rothenstein and The Art Fund[1]

Gulab Singh (1796–1857) was one of the three exceptionally talented Dogra brothers, along with Dhian Singh and Suchet Singh. They were the sons of Kishor Singh (d. 1822), the grandson of Surat Dev, younger brother of Raja Ranjit Dev of Jammu (d. 1782), thus forming a cadet branch of the ruling house which in any case in 1770 was compelled to accept Sikh overlordship.

Kishor Singh was thus a minor landowner in the hills of Jammu, but his sons all rose to the highest positions in the service of the Sikh Ranjit Singh, Maharaja of the Punjab (1780–1839), and his successors. Jammu had been taken completely into Sikh possession in 1816 and its last ruler exiled to British territory. In return for putting down an insurrection in Jammu, Gulab Singh was made Governor in 1820 and, according to some sources, his father Kishor Singh was created Raja of Jammu. Jammu was granted to Gulab Singh as a hereditary fief in 1822.

From his perch in Jammu, Gulab Singh kept himself distant from the increasing anti-British bellicosity of the Sikh court after Ranjit Singh's death. He was unable to prevent the Anglo-Sikh wars and the annexation of the Punjab, but came out of them exceptionally well placed. In 1846, after the first war had started, he was appointed Chief Minister. He managed to preserve an independent Sikh state for the boy Maharaja Dalip Singh, but by the Treaty of Lahore of 1846 between the Sikh state and the British, Kashmir, annexed by Ranjit Singh in 1819, was forfeited and given to Gulab Singh.

This powerful portrait can be placed within the Sikh tradition in its stylisations but the artist's exceptional rendering of the head gives it an almost iconic status. Sikh painting had followed hitherto a rather flattened version of the Kangra style with all portraits in strict profile. While European artists visiting Lahore since 1837 could have influenced the positioning of Gulab Singh's head,[2] it is also possibly the result of influence from the Delhi school where such portraits were by this time commonplace.

1 Published: Archer, *Painting of the Sikhs*, pl. 50; Stronge, *The Arts of the Sikh Kingdoms*, pl. 117; Guy and Swallow, *Arts of India*, pl. 168.

2 Archer, op. cit., p. 54.

60. Ram Rao Phalke

Gwalior, *c.*1865
Opaque watercolour and gold on paper, 384 x 303 mm
San Diego Museum of Art, Edwin Binney 3rd Collection, 1990:1022[1]

Ram Rao Phalke was a general in the service of Jayaji Rao Sindhia, Maharaja of Gwalior (b. 1835, r. 1843–1886). He holds his sword, a symbol of his profession, and wears over his shoulder a shawl of honour. He appears in a number of paintings with Jayaji Rao still in India, while an inscribed portrait is in the Gujari Mahal, Gwalior.[2] In an age where most Indian notables were content merely to have their portraits obtained only by photography, Phalke had himself portrayed in a highly stylised way.

Gwalior was one of the successor states arising out of the collapse of the Mughal Empire and of the Maratha Confederacy. A fierce warrior race from the northern Deccan, the power of the Marathas began when their leader Shivaji and his successors defied the might of the Mughal Emperor Aurangzeb in the later seventeenth century. As Maratha power increased with Delhi's decline during the course of the eighteenth century, its powerful generals carved out principalities for themselves in central and western India: Sindhia in Gwalior, Bhonsle in Nagpur, Holkar in Indore and Gaekwad in Baroda. They came into increasing conflict with the expanding Indian holdings of Britain, which managed to seize Delhi and Agra during a conflict with the Marathas.

Little work has been done on portraiture in central India prior to the introduction of photography, but pl. 57 suggests that there was a local school of portraiture. Some portraits appear to be similar to Delhi work showing the subjects in naturalistic poses but flattened and with highly decorative details.[3] Such portraits are possibly Indian versions of paintings by Victorian artists such as George Landseer (1834–1878), who spent many years in India in the 1850s painting landscapes and portraits including that of Jayaji Rao in 1861.[4] This painting is much starker, reduced to a pattern of intersecting lines and flat planes of colour, arising possibly out of such stark portraits as what is believed to be William Fraser's posthumous portrait, done by a Delhi artist in 1835–1840.[5]

1 Published: Desai, *Life at Court*, no. 38.
2 Goswamy, 'Toda gashia', pp. 7–12.
3 C.f. a Maratha noble, *c.*1840, published in *The Indian Heritage*, no. 158.
4 For example his Maharaja Tukoji II of Indore done in 1861 (Bautze, *Interaction of Cultures*, no. 24).
5 BL Add.Or. 4659, in Archer and Falk, *India Revealed*, fig. 17.

APPENDIX

The Materials and Techniques of Indian Painting

KAPIL JARIWALA

Before the introduction of paper, early Indian illustrated books were either on palm leaf, bark or wood. Their long horizontal shape dictated the format of these paintings, so the introduction of paper meant that the artist was no longer restricted, as paper could be made in any shade, shape or size. It was also durable, if kept dry, and its smooth surface meant that the artist could paint in fine detail and apply gold leaf as decoration without fear of it flaking. The painted folio or page with its central painted area is often surrounded by a border that serves as a frame or a decorative flourish which complements the painting, and it also serves to protect it from the wear and tear of handling. Occasionally, borders may be of a later date than the painting, as changing tastes required that it be presented in a different style or format.

Paper was invented in China at the beginning of the second century AD. By the eighth century, papermaking had made its way to Samarkand, in modern-day Uzbekistan, where the method of production was apparently seized and transported westwards by the Arabs. The first paper factory was established in Kashmir by 1420, and only manufactured by Muslims. This was due to the religious prohibition which forbade Hindus from handling waste material, an important factor in the production of various other materials and mediums, such as vellum and glue. By the end of the fifteenth century, paper mills were appearing in Gujarat, western India, and then in different parts of India. The most commonly found fibres used in the production of Indian hand-made papers are jute, cotton and, occasionally, linen fibres. Hemp may also have been used in a few cases in regions adjacent to the Himalayas, as this plant flourishes in those mountainous regions.

The great advantage of working on paper was that it required a minimum of preparation, because priming was not always necessary. It could be laminated, a technique known as *wasli*, to form a paper that would not cockle or wrinkle when using watercolour. Furthermore, paper could be readily cut and pasted, it was light and it could be bound into book form. The completed painting was often burnished with a smooth agate stone known as a *gota*. The painting is placed face down on a stone slab, and its surface is burnished; this polishing gives a shiny patina to the painting and helps to bind the painted surface. Burnishing may also be carried out selectively on parts of the front of the painting during production.

Fig. 1 Detail from 'Abdullah Khan Uzbeg with his falconer' (pl. 19). Victoria and Albert Museum, London, no. IM 20-1925.

Fig. 2 Detail from 'Rao Bharah and Jassa Jam' (pl. 20). Victoria and Albert Museum, London, no. IM 124-1921.

The paints and colours used in pre-Mughal manuscripts are sometimes known as the pigments of antiquity, because they were used from the earliest of times by various civilisations around the world. These naturally occurring pigments were extracted or refined from both minerals and organic matter forming a limited palette: malachite (a green); azurite (a deep blue); vermilion (an orange red known as *sindoor*); red lead (a bright red); ochre (producing both an earthy yellow and a red hue); black (collected from the sooty deposit from a lamp); and chalk white. Ink – which was invented around 2500 BC in Egypt and China – had its Indian variation, made of lampblack, water and a gum binder. Added to these were metallic paints made from gold and silver, although silver was generally replaced in the seventeenth century by tin. Both Indian and Mughal artists also used gold and silver leaf, but generally for decorating large flat areas, its high cost as a material denoting the prestige attached to the painting. That expense was due in part to the laborious method of making gold leaf: the gold was rolled under great pressure, then placed between animal skins and beaten with hammers until the thickness had been reduced to one-quarter that of a human hair. Gold paint was made by grinding small batches of gold leaf in a smooth marble mortar, with honey used to stop the flimsy gold leaf blowing away. When ground to a paste, the honey was washed out and the gold was mixed with a weak gum solution. It could then be applied with a brush to illuminate manuscripts and burnished to attain a brilliant sheen. Gold leaf was sometimes used as an integral part of the central painting, as seen in the detail of the hawking drum and bridle in 'Abdullah Khan Uzbeg with his falconer', where it has a raised and punched decoration (fig. 1, pl. 19).

The paints used by Indian artists were water-based and therefore soluble in water, and could be either opaque or transparent watercolour. Unlike European gouache, which contains an inert filler to give increased opacity, Indian watercolour was rendered opaque by the large amount of pure pigment present. Dyes such as indigo and lac are more transparent than mineral colours like malachite or azurite. Early Indian paintings are characterised by the use of pure opaque unmixed paint, in contrast to later paintings where the pigments are mixed to create complex and luminescent colours. These characteristics were employed by the skilled artist to create delicate effects by layering gossamer-thin colours that allowed the under-painting to be seen; or the paint was built up to form relief-like passages on the surface. A fine example of layering can be seen in the detail of Rao Bharah: transparent passages of paint depict his shawl, while the close modulation of tone describes his face (fig. 2, pl. 20).

Both opaque watercolour and watercolour use a binder, a gum that is soluble in water. The colour pigment is suspended within the gum in varying amounts; water acts as a vehicle or a diluent to thin the paint and helps to transfer the paint to the surface. When the moisture evaporates, the gum binds the pigment to that surface. In some of the paintings discussed here, a coat of wheat starch has been applied to the surface as a barrier, which acts as a primer. The paper is then burnished, limiting the absorption of the paint into it and stopping the colour from sinking and losing its vibrancy.

As a medium in watercolour paint, gum is often known as gum arabic or gum acacia; it is the hardened sap exuded from various trees and shrubs that grow in tropical Asia and Africa. Gum arabic dissolves and swells in water; honey is often added to a mixture to slow down the drying process. Gum as a binder is different from resins or glue: resin is cooked with alcohol to produce a transparent varnish; vegetable glues made from flour paste or cooked rice were often used as an adhesive, as were those made from the skin and bones of fish, cows and horse.

The brushes used by Indian and Mughal artists were usually made from fine squirrel hair of different thicknesses for detailed work and from goat or horse hair for more

Fig. 3 Detail from 'A courtesan' (pl. 40). Victoria and Albert Museum, London, no. IS 315-1952.

Fig. 4 Detail from 'William Fullerton seated on a terrace' (pl. 49) photographed in ultra-violet light. Victoria and Albert Museum, London, no. IM 33-1912.

roughly painted areas. Curiously, the brush was a near 'L' shape, bending at the junction where the wooden handle met the holder (usually a quill from a feather). Traditionally, the artist made his own brushes and they were among the painter's most prized possessions. Miniature painters generally used each brush for only one pigment so as to avoid accidental contamination that would diminish the brilliance of the finished painting.

The Indian painting studios could range in size from small family operations to the Mughal ateliers that employed an array of artists and specialist craftsmen. Male children were co-opted into apprenticeship at an early age; fathers taught their art to their sons, who guarded their skills and passed their knowledge on to the next generation. Training consisted of copying from master compositions under direction from the master of the studio. Apprentices copied outlines to gain proficiency with the brush. The method of pricking and pouncing was the most frequently used method for copying compositions. A sheet of paper or a thin piece of transparent parchment, often made from deerskin, was laid over a master drawing and secured, and the student traced the drawing by pricking the parchment with a sharp needle along the major lines of the composition. He then placed a new piece of paper or material under the pricked parchment and sprinkled fine charcoal dust on it. As the charcoal dust penetrated the perforated surface, the student would remove the parchment and fill in the lines using a brush and paint. Finally, the master would inspect the copy and correct any errors; these parchment sheets were then retained as templates for replicating the composition. An example of this technique can be seen in 'A courtesan' (fig. 3, pl. 40).

The incorporation of the 'Mughal palette' with the established Indian range of pigments is an important watershed in helping us to date works, as most of these pigments would not have been available to Indian artists prior to the Mughal invasion of 1526. The pigments used by Mughal artists include lead white (an opaque white made from the corroded encrustations on lead created from its immersion in acetic acid; orpiment (a deep yellow sometimes known as king's yellow, it is a sulphide of arsenic found widely in Asia, and is both poisonous and highly fugitive, which may explain why it was largely superseded by Indian yellow in the early sixteenth century); and lac – a crimson made from the resinous secretion of insects onto the twigs of host trees, and also found in Tibetan and Nepalese paintings and identified in twelfth-century Buddhist palm-leaf manuscripts from India, then found in Mughal and Rajasthan paintings on paper from the sixteenth century onwards.

Another pigment that makes its appearance in the Mughal period is Indian yellow – a transparent yellow pigment that gives a deep luminescent yellow. It was probably developed in India, as it does not occur previously in Iranian painting. It was manufactured in rural India from the urine of cows fed a diet of mango leaves and water. The urine was collected and dried; the resulting solid matter was formed into balls of raw pigment, called *piuri* or *peori*. The *peori* was then washed in water and purified, separating the yellow and greenish tints. Interestingly, the first known uses of Indian yellow appear in the illustrated manuscript *Harivamasa* and in the *Akbarnama*, dating from about 1590. Its finely divided particles and high tinting strength made it ideal for mixing with indigo to depict foliage; it was also used as an under-painting to 'lift' the appearance of other colours. The pigment is easy to detect under ultraviolet light, as it is fluorescent. This can be seen clearly in the ultraviolet photographs of the painting of William Fullerton (fig. 4), where we can detect a wash of Indian yellow under the pale blue sky and the carpet; it is also used unmixed on the cushions. It is curious that such a pungent and repulsive material can help to evoke such serenity.

Bibliography

Abu'l Fazl 'Allami, *A'in-i Akbari*, edited in the original Persian by H. Blochmann (Asiatic Society of Bengal, Calcutta, 1872–1877)

Altekar, Anant Sadashiv, *Catalogue of the Gupta Gold Coins in the Bayana Hoard* (Numismatic Society of India, Bombay, 1914)

Andhare, Shridhar, 'Imperial Mughal tolerance of Jainism and Jain painting activity in Gujarat', in R. Crill et al. (eds.), *Arts of Mughal India: Studies in Honour of Robert Skelton* (Victoria and Albert Museum and Mapin, London and Ahmedabad, 2004)

Archer, M., *Between Battles: The Album of Colonel James Skinner* (Al-Falak Publications and Scorpion Communications, London, 1982)

Archer, Mildred, *Company Drawings in the India Office Library* (HMSO, London, 1972)

Archer, Mildred, *Company Paintings: Indian Paintings of the British Period* (Victoria and Albert Museum, London,1992)

Archer, Mildred, *India and British Portraiture* (Sotheby Parke Bernet, London, 1979)

Archer, Mildred, and Toby Falk, *India Revealed: The Art and Adventures of James and William Fraser 1801–35* (Cassell, London, 1989)

Archer, W.G., *Indian Paintings from the Punjab Hills* (Sotheby Parke Bernet and Oxford University Press, London, New York and Delhi, 1973)

Archer, W.G., *Painting of the Sikhs* (HMSO, London, 1966)

Arts of Bengal: The Heritage of Bangladesh and Eastern India (Whitechapel Art Gallery, London, 1979)

Bailey, Gauvin Alexander, *Art on the Jesuit Missions in Asia and Latin America, 1542–1773* (University of Toronto Press, Toronto, 1999)

Bailey, Gauvin Alexander, *The Jesuits and the Grand Mogul: Renaissance Art at the Imperial Court of India* (Freer Gallery of Art Occasional Papers, Washington, 1998), vol. 2

Barua, Benimadhab, *Barhut* (Indian Research Institute Publications, Calcutta, 1937)

Bautze, Joachim K., *Interaction of Cultures: Indian and Western Painting, 1780–1910 – The Ehrenfeld Collection* (Art Services International, Alexandria, VA, 1998)

Bayley, C.A., *Raj: India and the British, 1600–1947* (National Portrait Gallery, London, 1990)

Beach, Milo Cleveland, *The Grand Mogul: Imperial Painting in India, 1600–1660* (Sterling and Francine Clark Art Institute, Williamstown, Mass., 1978)

Beach, Milo Cleveland, 'The Gulshan Album and Its European Sources', *Bulletin of the Museum of Fine Arts, Boston*, vol. 63, no. 332, 1965, pp. 63–91

Beach, Milo Cleveland, *Mughal and Rajput Painting (The New Cambridge History of India, 1.3)* (Cambridge University Press, Cambridge, 1992)

Beach, Milo Cleveland, *Rajput Painting at Bundi and Kotah* (Artibus Asiae Publishers, Ascona, 1974)

Beach, Milo Cleveland, and Ebba Koch, *King of the World: The Padshahnama – An Imperial Mughal Manuscript from the Royal Library, Windsor Castle* (Azimuth Editions and Smithsonian Institution, London and Washington, 1997)

Beach, Milo Cleveland, and Rawat Nahar Singh II, *Rajasthani Painters Bagta and Chokha: Master Artists at Devgarh* (Museum Rietberg, Zurich, 2005)

Begley, Vimala, and R.D. De Puma (eds.), *Rome and India: The Ancient Sea Trade* (Oxford University Press, Delhi, 1992)

Beveridge, H (tr.), *The Akbar-nama of Abu-l-Fazl (History of the Reign of Akbar Including an Account of his Predecessors)*, 3 vols. (repr. Ess Ess Publications, New Delhi, 1977).

Beveridge, H. (tr.), *The Maathir ul-Umara*, revised by Baini Prashad, 2 vols. (Asiatic Society, Calcutta, 1941, repr. 2003).

Blochmann, H. (tr.), *The A'in-i Akbari by Abu'l-Fazl 'Allami*, second edition, rev. and ed. Lt-Col. D.C. Phillott (third edition, reprinted from second edition of 1927, Oriental Books Reprint Corporation, New Delhi, 1977)

Brand, Michael, and Glenn Lowry, *Akbar's India* (Asia Society, New York, 1985)

Brend, Barbara, *The Emperor Akbar's Khamsa of Nizami* (British Library, London, 1995)

Brown, Percy, *Indian Painting under the Mughals* (Clarendon Press, Oxford, 1924)

Canby, Sheila, 'The Horses of 'Abd us-Samad', in A.K. Das (ed.), *Mughal Masters: Further Studies* (Marg Publications, Mumbai, 1998)

Canby, Sheila (ed.), *Humayun's Garden Party* (Marg Publications, Mumbai, 1994)

Canby, Sheila, *Shah 'Abbas: The Remaking of Iran* (British Museum Publ., London, 2009)

Chandra, Pramod, *The Tuti-Nama of the Cleveland Museum of Art: Tales of a Parrot* (Akademische Druck-u.Verlagsanstalt, Graz, 1976)

Clarke, C. Stanley, *Indian Drawings: Thirty Mogul paintings of the School of Jahangir (17th century) and four panels of calligraphy in the Wantage Bequest* (HMSO, London, 1922)

Coleman, A.P., 'Ochterlony, Sir David, first baronet (1758–1825)', *Oxford Dictionary of National Biography* (Oxford University Press, Oxford, 2004)

Coomaraswamy, A. K., *Catalogue of the Indian Collections in the Museum of Fine Arts, Boston. Vol.VI: Mughal Painting* (Museum of Fine Arts, Boston, 1930)

The Courts of India: Indian Miniatures from the Collection of the Fondation Custodia, Paris (Rijksprentenkabinet, Rijksmuseum, Amsterdam, 1991)

Couleurs de l'Inde: Nouvelles acquisitions de la Collection Frits Lugt, Exposition-dossier IV (Fondation Custodia, Paris, 2002)

Crawford, D.G., *A History of the Indian Medical Service, 1600–1913* (W. Thacker & Co., London, 1914)

Crill, Rosemary, 'A Lost Mughal Miniature Rediscovered', V&A album 4 (London, 1985), pp. 330–6

Crill, Rosemary, *Marwar Painting: A History of the Jodhpur Style* (India Book House, Mumbai, 1999)

Crill, Rosemary, 'The Thakurs of Ghanerao as patrons of painting', in A. Topsfield (ed.), *Court Painting in Rajasthan* (Marg Publications, Mumbai, 2000)

Crill, Rosemary, Susan Stronge and Andrew Topsfield (eds.), *Arts of Mughal India: Studies in Honour of Robert Skelton* (Victoria and Albert Museum in association with Mapin Publishing, London and Ahmedabad, 2004)

Cummins, Joan, *Indian Painting: From Cave Paintings to the Colonial Period* (Museum of Fine Arts, Boston, 2006)

Das, Asok Kumar, 'Daswant: His last drawings in the Razmnama', in A.K. Das (ed.), *Mughal Masters: Further Studies* (Marg Publications, Mumbai, 1998)

Das, Asok Kumar, 'Daulat', in Pratapaditya Pal (ed.), *Master Artists of the Imperial Mughal Court* (Marg Publications, Mumbai, 1991)

Das, Asok Kumar (ed.), *Mughal Masters: Further Studies* (Marg Publications, Mumbai, 1998)

Das, Asok Kumar, 'Ustad Mansur', in *Lalit Kala*, vol. 17, 1974, pp. 32–9

Desai, Vishakha, *Life at Court: Art for India's Rulers, 16th–19th Centuries* (Museum of Fine Arts, Boston, 1985)

Ehnbom, Daniel J., *Indian Miniatures: The Ehrenfeld Collection* (Hudson Hills Press in association with the American Federation for the Arts, New York, 1985)

Falk, Toby, and Mildred Archer, *Indian Miniatures in the India Office Library* (Sotheby Parke Bernet, London, 1981)

Feller, Robert L., *Artists' Pigments: A Handbook of Their History and Characteristics* (Cambridge University Press, Cambridge, 1986)

Flores, Jorge, and Nuno Vassallo e Silva (eds.), *Goa and the Great Mughal* (Scala Publishers, London, 2004)

Folz, Richard C. (tr.), *Conversations with Emperor Jahangir* by 'Mutribi' al-Assamm Samarqandi (Mazda Publishers, Costa Mesa, 1998)

Foster, William, *The Embassy of Sir Thomas Roe to the Court of the Great Mogul, 1615–1619* (Hakluyt Society, London, 1899; reprint Kraus Reprint Limited, Nendeln, 1967)

Gadon, Elinor W., 'Dara Shikuh's mystical vision of Hindu-Muslim synthesis', in R. Skelton et al. (eds.), *Facets of Indian Art* (Victoria and Albert Museum, London, 1986), pp. 153–7

Gahlin, Sven, *L'Inde des Légendes et des Réalités: Miniatures indiennes et persanes de la Fondation Custodia, Collection Frits Lugt* (Institut Neerlandais, Paris, 1986)

Glynn, Catherine, 'Early Painting in Mandi', *Artibus Asiae*, XLIV, 1, 1983, pp. 21–64

Glynn, Catherine, 'Further Evidence for Early Painting in Mandi', *Artibus Asiae*, LV, 1/2, 1995, pp. 183–90

Glynn, Catherine, 'Mughalized portraits of Bilaspur royalty in the second half of the seventeenth century', in R. Crill et al. (eds.), *Arts of Mughal India: Studies in Honour of Robert Skelton* (Victoria and Albert Museum and Mapin, London and Ahmedabad, 2004), pp. 235–47

Glynn, Catherine, 'A Rajasthani Princely Album: Rajput patronage of Mughal-style painting', *Artibus Asiae*, LX, 2, 2000, pp. 222–64

Godard, Yedda, 'Les Marges du Murakka' Gulshan', *Athar-e Iran*, Tome I, 1936, pp. 11–33

Goswamy, B.N., 'Essence and Appearance: Some notes on Indian portraiture', in R. Skelton et al. (eds.), *Facets of Indian Art* (Victoria and Albert Museum, London, 1986), pp. 193–202

Goswamy, B.N., *Nainsukh of Guler: A Great Indian Painter from a Small Hill-State* (Museum Rietberg, Zurich, 1997)

Goswamy, B.N., *Patkas: A Costume Accessory in the Collection of the Calico Museum of Textiles* (Calico Museum, Ahmedabad, 2002)

Goswamy, B.N., 'Toda Gashia: Painting at Scindia's court at Gwalior', *Art Heritage* 2, 1978, pp. 7–12

Goswamy, B.N., and Anna Dallapiccola, *A Place Apart: Painting in Kutch, 1720–1820* (Oxford University Press, Delhi, 1983)

Goswamy, B.N., and Eberhard Fischer, *Pahari Masters: Court Painters of Northern India* (Museum Rietberg, Zurich, 1992)

Goswamy, B.N., and Eberhard Fischer, *Wonders of a Golden Age* (Museum Rietberg, Zurich, 1987)

Goswamy, B.N., and Caron Smith, *Domains of Wonder: Selected Masterworks of Indian Painting* (San Diego Museum of Art, San Diego, 2005)

Grunwedel, A., *Buddhist Art in India*, tr. A.C. Gibson, revised by J. Burgess (Bernard Quaritch, London, 1901)

Guy, John (ed.), *Indian Art & Connoisseurship: Essays in Honour of Douglas Barrett* (Indira Gandhi Centre for the Arts in association with Mapin Publishing Pvt. Ltd., New Delhi, 1995)

Guy, John, and Deborah Swallow (eds.), *Arts of India, 1550–1900* (Victoria and Albert Museum, London, 1990)

Habsburg, Francesca von, et al., *The St Petersburg Muraqqa': An album of Indian and Persian miniatures from the 16th through the 18th century and specimens of Persian calligraphy by 'Imad al-Hasani* (ARCH Foundation, Milan, 1996)

Haidar, Navina Najat, 'Satire and humour in Kishangarh painting', in A. Topsfield (ed.), *Court Painting in Rajasthan* (Marg Publications, Mumbai, 2000), pp. 78–91

Hastings, Francis Rawdon, Marquess of, *The Private Journal of the Marquess of Hastings, edited by his Daughter, the Marchioness of Bute* (Saunders and Otley, London, 1858)

Hollstein, F.W.H., *German Engravings, Etchings and Woodcuts, ca.1400–1700* (Menno Hertzberger, Amsterdam, 1954–2004)

Hunter, Dard, *Papermaking by Hand in India* (Pynson Printers, New York, 1939)

Impey, E.A., *About the Impeys* (Ebenezer Baylis, Worcester, 1963)

In the Image of Man: The Indian Perception of the Universe through 2000 Years of Painting and Sculpture (Hayward Gallery, London,1982)

Indian Drawing: An Exhibition Chosen by Howard Hodgkin, introduction by Terence McInerney (Arts Council, London, 1983)

The Indian Heritage: Court Art and Life under Mughal Rule (Victoria and Albert Museum, London, 1982)

Isacco, Enrico, *Les Pigments des miniatures indiennes* (Langues et Mondes L'Asiathèque, France, 2008)

Jackson, Anna, and Amin Jaffer (eds.), *Encounters: The Meeting of Asia and Europe, 1500–1800* (Victoria and Albert Museum, London, 2004)

Jackson, Anna, and Amin Jaffer (eds.), *Maharaja: The Splendour of India's Royal Courts* (Victoria and Albert Museum, London, 2009)

Kindersley, J., *Letters from the East Indies* (J. Nourse, London, 1777)

Kossak, Steven, *Indian Court Painting, 16th–19th Century* (Thames and Hudson, London, 1997)

Kulkarni, G.T., and M.S. Mate (eds.), *Tarif-i Husain Shah Badshah Dakhan* (Bharata Itihasa Samshodaka Mandala, Pune, 1987)

Lazaro, Desmond, *Methods, Materials and Symbolism in the Pichhvais Painting Tradition of Rajasthan* (Mapin, India, 2005)

Leach, Linda York, *Indian Miniature Paintings and Drawings* (Cleveland Museum of Art in co-operation with Indiana University Press, Cleveland, 1986)

Leach, Linda York, *Mughal and Other Indian Paintings in the Chester Beatty Library* (Scorpion Cavendish, London, 1995)

Leach, Linda York, *Paintings from India: The Nasser D. Khalili Collection of Islamic Art*, vol. VIII (Nour Foundation, London, 1998)

Lee, L.R., A. Thompson and V.D. Daniels, 'Princes of the House of Timur: Conservation and Examination of an Early Mughal Painting', *Studies in Conservation* 42, 1997, pp. 231–40

Levi, Scott C. (ed.), *India and Central Asia: Commerce and Culture, 1500–1800* (Oxford University Press, New Delhi, 2007)

Levi, Scott C., *The Indian Diaspora in Central Asia and Its Trade, 1550–1900* (Brill, Leiden, 2002)

Liskar, Elisabeth (ed.), *Europa und die Kunst des Islam, 15 bis 18 Jahrhundert* (H. Bohlau, Vienna, 1985)

Losty, J.P., *The Art of the Book in India* (British Library, London, 1982)

Losty, J.P., *Calcutta: City of Palaces* (British Library, London, 1990)

Losty, J.P., *Of Far Off Lands and People: Paintings from India, 1783–1881* (Indar Pasricha Fine Arts, London, 1993)

Losty, J.P., 'Towards a New Naturalism: Portraiture in Murshidabad and Avadh, 1750–80', in B. Schmitz (ed.), *After the Great Mughals: Painting in Delhi and the Regional Courts in the 18th and 19th Centuries* (Marg Publications, Bombay, 2002)

Losty, J.P., and Linda York Leach, *Mughal Paintings from the British Library* (Indar Pasricha Fine Arts, London, 1998)

Lowry, Glenn D., *A Jeweler's Eye: Islamic Arts of the Book from the Vever Collection* (Smithsonian Institution, Washington, 1988)

Maclagan, Eric, *The Jesuits and the Great Mogul* (Burnes, Oates and Washbourne, London, 1932)

Mathur, Vijay Kumar, *Marvels of Kishangarh Painting from the Collection of the National Museum, New Delhi* (Bharatiya Kala Prakashan, New Delhi, 2000)

McInerney, Terence, 'Mughal Painting during the Reign of Muhammad Shah', in B. Scmitz (ed.), *After the Great Mughals: Painting in Delhi and the Regional Courts in the 18th and 19th century* (Marg Publications, Mumbai, 2002)

Melikian-Chirvani, A.S., 'The Jewelled Objects of Hindustan', *Jewelled Arts of Mughal India. Jewellery Studies*, vol. 10, eds. Beatriz Chadour-Sampson and Nigel Israel (Society of Jewellery Historians, London, 2004), pp. 9–32

Melikian-Chirvani, A.S., 'Mir Sayyed 'Ali: Painter of the Past and Pioneer of the Future', in Das (ed.), *Mughal Masters: Further Studies* (Mumbai, 1998), pp. 34–40

Mitter, Partha, *Much Maligned Monsters: A History of European Reactions to Indian Art* (Clarendon Press, Oxford, 1977)

Okada, Amina, *Imperial Mughal Painters: Indian Miniatures from the Sixteenth and Seventeenth Centuries* (Flammarion, Paris, 1992)

O'Malley, J.W., et al. (eds.), *The Jesuits: Cultures, Sciences and the Arts, 1540–1773* (University of Toronto Press, Toronto, 1999)

Paintings from the Muslim Courts of India (British Museum, London,1976)

Paintings from the Royal Courts of India (Francesca Galloway, London, 2008)

Pal, Pratapaditya, *American Collectors of Asian Art* (Marg Publications, Bombay, 1986)

Pal, Pratapaditya (ed.), *Master Artists of the Imperial Mughal Court* (Marg Publications, Mumbai, 1991)

Pal, Pratapaditya (ed.), *The Peaceful Liberators: Jain Art from India* (Los Angeles County Museum of Art and Thames and Hudson, Los Angeles, 1994)

Panikkar, K. M., *Gulab Singh, 1792–1858: Founder of Kashmir* (Martin Hopkinson, London, 1930)

Penzer, N.M. (ed.), *The Ocean of Story*, tr. C.H. Tawney (Chas. J. Sawyer Ltd., London, 1928)

Porter, Yves, *Painters, Paintings and Books: An Essay on Indo-Persian Technical Literature, 12th–19th Centuries*, tr. Mrs S. Butani (Centre for Human Sciences, New Delhi, 1994)

Price, Martin Jessop, *Coins: An Illustrated Survey – 650 BC to the Present Day* (Hamlyn, London, 1980)

Punyavijayaji, Muni, and U.P. Shah, 'Some Painted Wooden Book-Covers from Western India', *Journal of the Indian Society of Oriental Art*, 1965–1966

Robbins, Kenneth X., and John McLeod (eds.), *African Elites in India: Habshi Amarat* (Mapin Publishing, Ahmadabad, 2006)

Robinson, B.W. (ed.), *Islamic Painting and the Arts of the Book* (Faber & Faber, London, 1976)

Rogers, A., and H. Beveridge (tr. and ed.), *The Tuzuk-i Jahangiri, or Memoirs of Jahangir*, 2 vols. (Royal Asiatic Society, London, 1909–1914)

Rogers, J.M., *Mughal Miniatures* (British Museum, London, 1993)

Rosenfield, John M., *The Dynastic Arts of the Kushans* (University of California Press, Berkeley and Los Angeles, 1967)

Saxena, R.K., *Maratha Relations with the Major States of Rajputana, 1761–1818* (S. Chand, New Delhi, 1973)

Schmitz, Barbara, and Ziyauddin A. Desai, *Mughal and Persian Paintings and Illustrated Manuscripts in the Raza Library, Rampur* (Indira Gandhi National Centre for the Arts, Rampur Raza Library and Aryan Books International, New Delhi, 2006)

Selvage to Selvage: Textiles from East to West (Spink and Son, London, 1998)

Sen, Geeti, *Paintings from the Akbarnama* (Lustre Press, Delhi, 1984)

Seth, Mira, *Indian Painting: The Great Mural Tradition* (Abrams, New York, 2006)

Seyller, John, *The Adventures of Hamza* (Smithsonian Institution, Washington, 2002)

Seyller, John, 'Codicological Aspects of the Victoria and Albert Museum *Akbarnama* and Their Historical Implications', *Art Journal*, Winter 1990, pp. 379–87

Seyller, John, 'For Love or Money: The Shaping of Historical Painting Collections in India', in D. Mason (ed.), *Intimate Worlds: Indian Paintings from the Alvin O. Bellak Collection* (Philadelphia Museum of Art, Philadelphia, 2001), pp. 12–21

Seyller, John, 'Recycled Images: Overpainting in early Mughal Art', in S. Canby (ed.), *Humayun's Garden Party* (Marg Publications, Mumbai, 1994), pp. 50–80

Sivaramamurti, C., *Mahabalipuram* (Archaeological Survey of India, New Delhi, 1972)

Sivaramamurti, C., *South Indian Bronzes* (Lalit Kala Akademi, Delhi, 1963)

Skelton, Robert, 'Europe and India', in E.Liskar (ed.), *Europa und die Kunst des Islam* (H. Bohlau, Vienna, 1985)

Skelton, Robert et al. (eds.), *Facets of Indian Art* (Victoria and Albert Museum, London, 1986)

Skelton, Robert, 'Imperial Symbolism in Mughal Painting', in P. Soucek (ed.), *Content and Context of Visual Arts in the Islamic World* (College Art Association of America, New York, 1988), pp. 177–87

Skelton, Robert, 'Iranian Artists in the Service of Humayun', in S. Canby, (ed.), *Humayun's Garden Party* (Marg Publications, Mumbai, 1994)

Skelton, Robert, 'Murshidabad Painting', *Marg*, vol. 10, no. 1, 1956, pp. 10–22

Smart, Ellen, 'The Death of 'Inayat Khan by the Mughal artist Balchand', *Artibus Asiae*, LVIII, 3/4, 1999, pp. 273–6

Soudavar, Aboulala, *Art of the Persian Courts: Selections from the Art and History Trust Collection* (Rizzoli, New York, 1992)

Stronge, Susan, (ed.), *The Arts of the Sikh Kingdoms* (Victoria and Albert Museum, London, 1999)

Stronge, Susan, 'Far from the Arte of Painting', in R. Crill et al. (eds.), *Arts of Mughal India: Studies in Honour of Robert Skelton* (Victoria and Albert Museum and Mapin Publishing, London and Ahmedabad, 2004), pp. 129–31

Stronge, Susan, *Painting for the Mughal Emperor* (Victoria and Albert Museum, London, 2002)

Tagare, G.V. (tr.), *The Bhagavata Purana* (Motilal Banarsidass, Delhi, 1978)

Tandan, R.K., *Indian Miniature Painting* (Natesan, Bangalore, 1982)

Tawney, E.H., (tr.), *Malavikagnimitra* (Thacker, Spink & Co., Calcutta, 1875)

Thackston, Wheeler M. (tr. and ed.), *The Baburnama: Memoirs of Babur, Prince and Emperor* (Smithsonian Institution, Washington, DC, 1996)

Thackston, Wheeler M. (tr. and ed.), *The Jahangirnama: Memoirs of Jahangir, Emperor of India* (Smithsonian Institution, Washington, DC, 1999)

Thompson, Daniel V., *The Materials and Techniques of Medieval Painting* (Dover, New York, 1956)

Titley, Nora (tr.), *The Nimatnama Manuscript of the Sultans of Mandu* (Routledge Curzon, London, 2004)

Tod, James, *Annals and Antiquities of Rajasthan*, ed. W. Crooke (Oxford University Press, Oxford, 1920, repr. Motilal Banarsidass, Delhi, 1971)

Topsfield, Andrew, *Court Painting at Udaipur: Art under the Patronage of the Maharanas of Mewar* (Artibus Asiae, Zurich, 2001)

Topsfield, Andrew, *Court Painting in Rajasthan* (Marg Publications, Mumbai, 2000)

Topsfield, Andrew, *In the Realm of Gods and Kings: Arts of India* (Philip Wilson, London, 2004)

Topsfield, Andrew, *Paintings from Mughal India* (Bodleian Library, Oxford, 2008)

Topsfield, Andrew, 'The Royal Paintings Inventory at Udaipur', in J. Guy (ed.), *Indian Art and Connoisseurship* (Ignca and Mapin, New Delhi, 1995), pp. 188–99

Topsfield, Andrew, and Milo Cleveland Beach, *Indian Paintings and Drawings from the Collection of Howard Hodgkin* (Thames and Hudson, London, 1992)

Verma, Som Prakash, *Mughal Painters and their Work* (Oxford University Press, Delhi, 1994)

Weis, Friederike, 'The Impact of Nadal's *Evangelicae Historiae Imagines* on Three Illustrations in the Akbarnama in the Victoria and Albert Museum', *Indo-Asiatische Zeitschrift*, 6/7, Berlin, 2002–2003, pp. 95–117

Welch, Stuart Cary, *A Flower from Every Meadow: Indian Paintings from American Collections* (Asia Society, New York, 1973)

Welch, Stuart Cary, *Gods, Kings and Tigers: The Art of Kotah* (Prestel, Munich and New York, 1997)

Welch, Stuart Cary, *Imperial Mughal Painting* (Chatto and Windus, London, 1978)

Welch, Stuart Cary, *India: Art and Culture, 1300–1900* (Metropolitan Museum, New York, 1985)

Welch, Stuart Cary, *Indian Drawings and Painted Sketches* (Asia Society, New York, 1976)

Welch, Stuart Cary, *Room for Wonder: Indian Painting during the British Period* (American Federation of Arts, New York, 1978)

Welch, Stuart Cary, et al., *The Emperor's Album* (Metropolitan Museum of Art, New York, 1987)

Wright, Elaine (ed.), *Muraqqa': Imperial Mughal Albums from the Chester Beatty Library, Dublin* (Art Services International, Alexandria, VA, 2008)

Zebrowski, Mark, *Deccani Painting* (Sotheby Publications, London, 1983)

Index

Page numbers in **bold** indicate illustrations.